Tanja Wobig

Kinder entdecken die Zeitung

Vielseitige Materialien für die 3. und 4. Klasse

9783403047735

Mit Kopiervorlagen

Auer

Autor*innen: Tanja Wobig
Illustrationen: Georg Wieborg, Münster; S. 39: Corina Beurenmeister
Satz: Fotosatz H. Buck, Kumhausen
Druck und Bindung: Franz X. Stückle Druck und Verlag, Ettenheim
ISBN 978-3-403-**04773**-5

www.auer-verlag.de

Inhalt

Einleitung

Zeitunglesen lohnt sich

Ist die Tageszeitung heute noch zeitgemäß? Und hat sie für Grundschüler überhaupt einen Wert? Im Internet kommen Kinder blitzschnell an Informationen. Auf speziellen Kinderseiten werden Nachrichten und Sachverhalte altersgemäß erklärt und grafisch aufbereitet. Auch das Fernsehen bietet spezielle Nachrichten- und Wissenssendungen für das junge Publikum.

Wozu also Zeitung lesen? Auch für Grundschüler lohnt sich ihre Lektüre: Sie trainiert die Lesefähigkeit, das verstehende und selektive Lesen. In der heutigen Medienwelt müssen wir uns den Weg durch einen immer größer werdenden Wissensdschungel bahnen. Das schaffen aber nur geübte Leser. Sie erfassen und verarbeiten Informationen schneller und nutzen daher viel kompetenter das Internet. Im Umgang mit der Zeitung können die Schüler außerdem neue Interessen entdecken, ihren Wortschatz erweitern und auch ihre mündliche Ausdrucksfähigkeit verbessern, indem sie über Artikel diskutieren.

Die Tageszeitung zählt zum Lebensumfeld der Schüler. In vielen Haushalten gehört sie als Lektüre dazu; sie wird in Bus, Bahn, in Wartezimmern oder im Café gelesen. Die Lokalzeitung hat einen besonderen Stellenwert: Nur sie informiert umfassend aus der Heimat der Leser. Anders als beim Fernsehen können die Grundschüler in Ruhe über das Gelesene reflektieren und noch einmal nachlesen, wenn sie Passagen nicht verstanden haben.
87 % der deutschen Bevölkerung über 14 Jahre schauen regelmäßig in eine Tageszeitung, informiert der Bundesverband deutscher Zeitungsverleger (BDZV). Durchschnittlich 39 Minuten investieren die Bundesbürger in die tägliche Lektüre. Laut einer Umfrage ist die Tageszeitung mit Abstand das glaubwürdigste Medium. Es folgen das öffentlich-rechtliche Fernsehen, der öffentlich-rechtliche Hörfunk und das private Fernsehen. Wenig überzeugen demnach das Internet und der private Hörfunk.

Trotz hoher Glaubwürdigkeit sinkt aber die Zahl der Abonnenten und das hat Folgen: Viele Schüler haben gar nicht die Chance, die Zeitung für sich zu entdecken. Falls die Eltern keine Zeitung lesen, tun es die Kinder erst recht nicht – das Vorbild fehlt. Das Verhalten der Mutter als Leserin oder Nichtleserin der Zeitung ist für die Kinder erheblich prägender als die Lesehaltung des Vaters. Begeisterte „Bücherwürmer“ lesen nicht automatisch genauso fasziniert die Zeitung.

Schule muss die Aufgabe übernehmen, Kinder mit diesem Medium vertraut zu machen. Je eher, desto besser.
Grundschüler für die Zeitung zu begeistern, funktioniert aber nur auf einem handlungsorientierten, entdeckenden und spielerischen Weg. Ziel ist, dass die Kinder den Nutzen der Zeitung erkennen: Sie informiert, unterhält und es macht sogar Spaß, sie zu lesen. Vorteilhaft ist, dass die Zeitung als Medium der Erwachsenen die Neugierde und das Interesse der Kinder weckt.

Auch Zeitungsverleger haben entdeckt, dass Grundschüler die Abonnenten von morgen sein können: Knapp zwei Drittel der deutschen Tageszeitungen veröffentlichen Kinderseiten für den Lese-Nachwuchs. Allerdings handelt es sich hauptsächlich um Unterhaltungsseiten. Nur eine Minderheit der Zeitungen bietet kindgerechten Journalismus.

Die Zeitung gehört zu unserer Lesekultur. Nirgendwo in den Ländern der Europäischen Union ist die Pressevielfalt mit ca. 330 Tageszeitungen so groß wie hierzulande. Dieses Gut müssen wir pflegen. Beginnen wir damit in der Grundschule.

Das Konzept

Zeitunglesen will gelernt sein

Ein Artikel soll durch einen knackigen ersten Satz, durch eine verständliche, aber nicht plumpe Sprache die Leser aufmerksam machen. Um Kinder als Leser zu gewinnen, reichen flüssige Texte allein nicht aus. Am Anfang steht die Motivation, denn Zeitunglesen will gelernt sein. Dieses Buch versucht auf drei Wegen, die Kinder an das Blatt zu gewöhnen:

1. Kinder entdecken die Zeitung
2. Eine Zeitung entsteht
3. Kinder als Reporter

Die Lernmaterialien sind keine Anleitung für das Erstellen einer Klassenzeitung, weil es hier ausschließlich um die Nutzung der Tageszeitung geht. Als Handlungsprodukt ist für jedes Kind ein Zeitungsordner vorgesehen, in den auch eigene Texte eingeheftet werden sollen.

1. Kinder entdecken die Zeitung: Leseförderung und Lesemotivation

Für viele Kinder mag die Zeitung wie ein riesiger Bleiberg erscheinen, dessen Spitze sie nicht erklimmen können. Wer täglich den Gipfel stürmen will, wird schnell ermüden. Wer täglich jede Zeile in der Zeitung lesen will, wird sie bald entmutigt zur Seite legen. Ein Buch wird linear von der ersten bis zur letzten Seite gelesen; eine Zeitung aber selektiv. Sie ist „eine Art von literarischem Selbstbedienungsladen“ wie es der ehemalige FAZ-Herausgeber Jürgen Eick formulierte, aus dem sich jeder das für ihn Interessanteste aussucht. Ein geübter Zeitungsleser beherrscht diese Technik: Er wählt aus, überfliegt Artikel oder liest sie nur kurz an.
Diese Kunst müssen Kinder erst erlernen. Indem sie den Aufbau der Zeitung erkennen und damit ihre Einteilung in verschiedene Sparten, können sie leichter durch das Angebot navigieren. Dazu finden Sie auf den Seiten 10 bis 14 mehrere Arbeitsblätter, um die Kinder mit der Zeitung vertraut zu machen. Zudem fördern Detektivaufgaben (Wie wird das Wetter heute? Wie heißt der Aufmacher auf der Titelseite?) die Orientierung und damit auch die Lesemotivation. Nach dieser Einführung schließt sich dann die Lesephase (siehe Seite 6) an.
Anmerkung: Diese Herangehensweise ist nur eine Empfehlung. Je nach Leistungsfähigkeit der Klasse können die Kinder auch schon zu diesem Zeitpunkt in der Zeitung lesen und die Einführung zum Aufbau der Zeitung folgt danach.

2. Eine Zeitung entsteht

Kinder sind neugierig. Da liegt es nahe, dass sie sich mit dem Produkt, das sie lesen, genauer auseinandersetzen. Sie sind somit nicht lediglich Rezipienten, sondern sie schauen hinter die Kulissen dieses journalistischen Alltagsgeschäftes. Ihr neu erworbenes Wissen über die Zeitung wird auch ihre Lesemotivation steigern. Mithilfe der Arbeitsblätter (ab Seite 16) entdecken sie, wie eine Zeitung entsteht: Woher bekommt ein Journalist seine Informationen? Wie gelangt die Druckerschwärze ins Blatt? Und wie wurde die Zeitung hergestellt, als es noch keine Computer gab? Optimal ist es, wenn die Kinder eine Lokalredaktion besuchen und das Druckhaus besichtigen. Trockenes Sachwissen füllt sich mit Leben, und die Kinder erleben hautnah, wie der bunte Blätterwald wächst.

3. Kinder als Reporter

Schreiben bedeutet Arbeit. Sie kann den Kindern aber Spaß machen, sofern sie ein Ziel vor Augen haben. Die Kinder sind stolz, wenn ihr Artikel auf der Kinderseite der Tageszeitung erscheint oder in der Klasse vorgestellt wird. Es zeigt ihnen, dass sie nicht für den Papierkorb schreiben, sondern dass ihre Texte ernst genommen werden.
Mithilfe der Arbeitsblätter ab Seite 37 sollen die Kinder wie ein „richtiger“ Reporter interviewen, Stichworte notieren, Artikel schreiben und Überschriften formulieren. Sie üben, Informationen auszuwählen, Texte zu strukturieren und verständlich zu schreiben. Beim Überarbeiten der Texte ist die Schreibkonferenz hilfreich.
Die Kinder sollten nicht unterschätzt werden: Einen Kommentar können sie zum Beispiel in Form einer Buchkritik schreiben; ein reportageähnlicher Text, der durch persönliche Eindrücke lebt, kann aus einem Ausflug entstehen.

Das Handlungsprodukt – ein Zeitungsordner

Während der Unterrichtseinheit werden sich viele Zettel ansammeln. Arbeitsblätter, Lieblingsartikel und später sogar eigene Texte. Daher ist es sinnvoll, dass die Kinder eine Pappmappe oder einen Ordner mit einem Register anlegen. Dieser Zeitungsordner lässt sich im Kunstunterricht gestalten. Zum Beispiel können die Kinder aus Zeitungspapier die Buchstaben ihrer Namen ausschneiden und auf die Deckel kleben.
Eine Sparte des Hefters sollte für ein Wörterbuch reserviert werden, denn Fachbegriffe gehören zur Zeitungslektüre dazu. Falls sich ein fremdes Wort nicht aus dem Zusammenhang erschließen

lässt, unterstreichen dies die Kinder, schlagen es im Lexikon nach und beschreiben dann den Begriff mit eigenen Worten in ihrem Zeitungsordner unter der Rubrik Wörterbuch. Bei journalistischen Fachausdrücken ist das Glossar (Abc der Zeitungssprache) hilfreich, das für alle Kinder kopiert ebenfalls einen Platz in dem Hefter finden sollte.

Eine mögliche Einteilung:
- Lieblingsartikel
- Arbeitsblätter
- Eigene Texte
- Wörterbuch
- Abc der Zeitungssprache

Die Lesephase

Zeitungslektüre mit Motivation

Nach der Einführung zum Aufbau der Zeitung (siehe Seite 9 und dazugehörige Arbeitsblätter, Seite 10 bis 14) sollten die Kinder zunächst etwa zwei Wochen täglich lesen. Ein Kind, das sich für Sport interessiert, wird es bald leichter haben, Informationen über seinen Lieblingsverein zu finden. Machen Sie dabei keine Vorgaben, welche Artikel die Kinder auswählen. Wichtig ist, dass jedes Kind ein eigenes Zeitungsexemplar bekommt. Vielleicht spendiert die Lokalzeitung Klassensätze über einen Zeitraum von mehreren Wochen? Oder die nicht Zeitung lesenden Eltern bekommen ein Probeabonnement?
Eine zeitgemäße Alternative ist die digitale Zeitung (E-Paper). Über entsprechende Abonnements können die Kinder die Zeitung über Computer oder Tablet lesen. Auf die haptische Zeitung sollte zwar nicht verzichtet werden, aber eine Kombination von Analog und Digital zeigt den Kindern die gesamte Bandbreite.
Regelmäßig müssen die Kinder Gelegenheit bekommen, über ihre Zeitungslektüre zu reden: Welche Ereignisse/Artikel haben sie besonders interessiert? Gab es Probleme? Die Lesephase ist im gleitenden Schulanfang möglich, in einem Teil der Pause, während Freiarbeit, Wochenplan und natürlich im regulären Unterricht. Um den Auftakt zu feiern, bietet sich ein besonderes Frühstück an – mit der Zeitung am Tisch.
Nach einer 20- bis 30-minütigen Lesephase sollten die Kinder einen Artikel, der sie besonders interessiert hat, ausschneiden und in ihren Zeitungsordner kleben (digital: ausdrucken oder evtl. in einem digitalen Ordner ablegen). Mit diesen Lieblingsartikeln können sie später als Differenzierung die Grammatik üben (AB 32: *Wortspiele mit der Zeitung,* Seite 60) und das verstehende Lesen trainieren, zum Beispiel:

- Kind wählt aus seinem Fundus einen Text aus und erzählt das Wichtigste seinem Partner. Der darf anschließend Fragen stellen, falls etwas unklar ist.
- Kind formuliert selbst Fragen zu einem Lieblingsartikel, unterstreicht die entsprechenden Passagen und schreibt die Antworten auf.
- Im Förderunterricht stellt die Lehrkraft Fragen zu den Lieblingsartikeln. Die Kinder suchen die Antworten im Text, markieren diese oder beantworten die Fragen mit eigenen Worten schriftlich.
- Die Lehrkraft wählt aus den Lieblingsartikeln der Klasse drei Texte aus und formuliert dazu Fragen. Die Kinder dürfen sich einen Artikel aussuchen und markieren die Antworten.

Mit dieser Methode wird den Kindern nichts künstlich aufgezwungen, denn sie beantworten Fragen zu einem Text, der sie wirklich interessiert. Bei Kindern mit fehlender Lesemotivation können Sie gemeinsam mit ihnen ihre Interessen herausfinden und als Anreiz spezielle Aufgaben stellen, zum Beispiel:

- Ein Hundebesitzer untersucht den Tiermarkt. Welche Rassen werden besonders häufig angeboten?
- Wetterbericht verfolgen und ein Diagramm erstellen.
- Polizeimeldungen sammeln und eine Tabelle erstellen. Welche Vergehen passieren am häufigsten?
- Den Werbemarkt untersuchen: Welche Produkte werden besonders häufig angeboten?

Eine Variante sind „Pflichtartikel“. Wählen Sie leicht verständliche Texte aus und formulieren Sie dazu Fragen, die die Kinder schriftlich beantworten. Mit dieser Methode bleibt das selektive Lesen zwar auf der Strecke, aber zumindest wird das verstehende Lesen trainiert. Außerdem besteht die Chance, dass die Kinder Gefallen an der täglichen Zeitungslektüre bekommen und sich vom Eifer der anderen lesenden Kinder anstecken lassen.

Detektivaufgaben
Langeweile ist tödlich für die Lesemotivation. Deshalb sind spielerische Detektivaufgaben vor dem Lesen wichtig, denn die Kinder sollen sich täglich auf die Zeitung freuen. Gleichzeitig schulen die Detektivaufgaben die Orientierung und zeigen den Kindern auf eine handlungsorientierte Art den Nutzen der Zeitung. Stellen Sie nach Be-

darf – täglich oder mehrmals in der Woche – ein paar Fragen zur aktuellen Ausgabe, die die Kinder vornehmlich mündlich beantworten.

Hier eine Auswahl:
- Wie wird das Wetter morgen?
- Was zeigt die ARD heute um 20.15 Uhr?
- Wie lautet der Aufmacher auf der Titelseite?
- Gibt es Museen in deinem Ort? Wie heißen sie und wann haben sie geöffnet?
- Welcher Notarzt hat Dienst?
- Suche einen Kinofilm aus der Programmvorschau aus!
- Wie lang und wie breit ist eine Zeitungsseite? Miss nach!
- Lege eine Tabelle an: Wie viele Seiten haben die einzelnen Sparten?
- Suche das Impressum: Wie lautet die Anschrift der Zeitung (Pressehaus, Redaktion)? Wie heißt der Herausgeber der Zeitung?
- Welche Nummer trägt die heutige Ausgabe?
- Wie viel kostet die Zeitung?
- Wie teuer ist ein Abonnement? Tipp: Schau im Impressum nach!
- Wie heißt der Aufmacher auf der ersten Lokalseite?
- Wo findest du die Telefonnummern der Lokalredakteure?
- Deine Eltern wollen Aktien kaufen. In welcher Sparte können sie Börsen-Nachrichten suchen?
- Hat deine Zeitung eine Fernsehkritik? Wo? War der Film top oder ein Flop?
- Wie lautet die Ortsmarke (Ort des Geschehens am Anfang des Artikels) des Aufmachers auf der ersten Sport-Seite (Lokalseite etc.)?
- Montag: Schau dir die 1. Fußball-Bundesliga an: Welcher Verein steht in der Tabelle auf Platz ...?
- Suche das größte Foto auf der ersten Lokalseite! Findest du einen Hinweis, wer dieses Foto gemacht hat?
- Nenne die Namen von drei Autoren der aktuellen Ausgabe!
- Nenne fünf Werbeanzeigen!
- Gibt es eine Kinderseite? Wo? Nenne mindestens drei Themen!
- Gibt es Leserbriefe? Wo? Wer hat sie geschrieben? Zu welchem Thema?
- Hinter manchen Ortsmarken stehen Kürzel. Suche mindestens drei!
- Du möchtest ein neues ... kaufen. Gibt es Annoncen, in denen ... angeboten werden?
- Stehen heute Cartoons in der Zeitung? Wer hat sie gezeichnet?
- Bieten Supermärkte Sonderangebote an? Nenne drei Waren!
- Hast du in der heutigen Ausgabe Fehler gefunden?
- Über welche Prominente berichtet die Seite „Aus aller Welt"?
- Wie viele Todesanzeigen gibt es?
- Wie viele Heiratsanzeigen findest du?
- Wie heißen die Bücher deiner Zeitung?
- Du möchtest mit deiner/deinem Freundin/Freund um ... Uhr telefonieren. Welche günstige Vorwahlnummer nimmst du? Tipp: Schau im Wirtschaftsteil nach (Hinweis: nur an bestimmtem Wochentag)
- Gibt es einen Fortsetzungsroman? Wie heißt er? Wer hat ihn geschrieben?
- Nenne die Bildunterzeile des Bildaufmachers auf dem Titelblatt!
- Nenne die Unterzeile des Aufmachers auf der ersten Lokalseite!
- Suche drei Werbeanzeigen. Welche Firmen haben sie aufgegeben?
- Wie viele Seiten hat der heutige Lokalteil?

Weitere mögliche Aufgaben vor dem Lesen: Lesen Sie Artikel, Meldungen oder lediglich Schlagzeilen der aktuellen Ausgabe vor. Die Kinder versuchen zu begründen, in welcher Sparte dieser Text stehen könnte, und suchen anschließend danach.

Die Arbeitsblätter

Die Zeitung entdecken

Nach den Übungen zum Aufbau und der zweiwöchigen Lesephase beginnen die Kinder, sich näher mit dem Produkt Zeitung auseinanderzusetzen. Dazu gibt es ab Seite 16 vielseitige Arbeitsblätter zum Redaktionsalltag, zu den verschiedenen journalistischen Darstellungsformen, zum Druck und zu fächerübergreifenden Themen. Sie sind ein Angebot, aus dem Sie eine individuelle Auswahl treffen können.
In dieser Phase, in der sich die Kinder hauptsächlich mit der Entstehung der Zeitung beschäftigen und selbst Texte schreiben, sollten sie trotzdem täglich die Zeitung lesen und ihre Lieblingsartikel sammeln.
Nimmt die Lesemotivation ab, könnte ein Quiz hilfreich sein. Wählen Sie dazu einen Pflichtartikel aus, der möglichst das Interesse vieler Kinder weckt. Wer alle Fragen richtig beantwortet hat, bekommt einen „Gutschein". Diese Kinder dürfen zum Beispiel ihre Mitschüler nach Schlagzeilen suchen lassen, ihnen Detektivaufgaben stellen oder wie ein Nachrichtensprecher am Pult eine selbst gewählte Meldung vorlesen.

Der Abschluss

Die Zeitung als täglicher Begleiter

Wichtig ist, dass das Thema Zeitung nicht abrupt endet. Es würde den Kindern den Eindruck vermitteln, dass die Zeitung verzichtbar ist. Optimal wäre es, wenn den Kindern nach Abschluss des Themas einige Exemplare zur Verfügung stehen oder sie von zu Hause die Zeitung mitnehmen dürfen. Oder es kann ihnen weiterhin die Möglichkeit gegeben werden, das E-Paper digital zu lesen.

1. Aufbau der Zeitung

Ein möglicher Einstieg

Da die meisten Kinder höchstens mal einen Blick in die Zeitung geworfen haben, ist es ratsam, sich dem Thema langsam anzunähern. Vor der zweiwöchigen Lesephase (siehe Seite 6) erleichtern Übungen zum Aufbau der Zeitung die Orientierung. Da Schlagzeile, Unterzeile und Vorspann dem Leser den Kern eines Artikels verraten und seine Leseentscheidung beeinflussen, sollten diese Fachbegriffe geklärt werden.
Schon an dieser Stelle – nicht erst in der Lesephase – ist es wichtig, dass jedes Kind ein eigenes Zeitungsexemplar bekommt. Fragen Sie zum Beispiel bei Ihrer Lokalzeitung nach Klassensätzen.
Auch hier gilt wieder: Es besteht auch die Möglichkeit über E-Paper Zeitung digital zu lesen.
Anmerkung: Der im Folgenden beschriebene Einstieg ist nicht als starre Vorgabe zu verstehen. Sie können die einführenden Arbeitsblätter je nach Bedarf auch nach der Lesephase oder zu einem anderen Zeitpunkt einsetzen.

1. Einheit

- Sitzkreis: Die Kinder erzählen, was ihnen zum Thema Zeitung einfällt (Wer liest sie? Wann? Wo? Was steht in der Zeitung? Wer macht sie? Wozu ist die Zeitung da?).
- Lehrkraft schreibt Begriffe an die Tafel, erstellt ein Cluster.
- Die Kinder lesen Zeitung (ca. 20 Minuten) und markieren mit einem roten Stift, welche Texte sie gelesen haben.
- Sitzkreis: Was ist den Kindern aufgefallen? Was hat sie interessiert, was nicht? Was haben sie nicht verstanden?

2. Einheit

- Lehrkraft schreibt Schlagzeilen der aktuellen Ausgabe an die Tafel.
- Die Kinder suchen sie in der Zeitung, tragen Überschriften und ihren Fundort (Sparte, eventuell Seite) in eine Tabelle ein (AB 1, *Wo findest du die Schlagzeilen?*, Seite 10)
- Sitzkreis: Gab es Schwierigkeiten? Warum wird die Zeitung in verschiedene Sparten unterteilt?
- AB 2: *Eine Zeitung hat viele Bücher*, Seite 11, zur Vertiefung, evtl. als Hausaufgabe.

3. Einheit

- Lehrkraft projiziert die vergrößert kopierte Titelseite (AB 3b, Seite 13) an die Tafel. Hier eignet sich auch ideal das E-Paper. Was fällt den Kindern auf? Gegebenenfalls den Ausdruck „Blindtext“ erklären.
- Die Kinder notieren ihre Entdeckungen in Gruppenarbeit.
- Die Kinder, die fertig sind, lesen AB 3a, *Die Titelseite (1)* (Seite 12), das über Begriffe wie Aufmacher oder Schlagzeile informiert.
- Die Kinder versuchen gemeinsam, Begriffe wie Schlagzeile und Meldung auf der Titelseite zu zeigen.
- Schüler beschriften eigenes AB 3c (Seite 14).

Vorteilhafter als ein allgemeines Arbeitsblatt wie auf Seite 13 ist die eigene Tageszeitung der Kinder, weil sie sich mit diesem Medium täglich auseinandersetzen. Sie können das Titelblatt auf DIN A4 verkleinern, kopieren und die Kinder beschriften lassen.

Name: Datum:

AB 1

Wo findest du die Schlagzeilen?

Suche die Schlagzeilen in der Zeitung und trage sie in die Tabelle ein.
Gib auch jeweils den Fundort an.

Überschrift des Artikels	Sparte	Seite
	☐ Politik ☐ Wirtschaft ☐ Kultur/Feuilleton ☐ Sport ☐ Lokales	
	☐ Politik ☐ Wirtschaft ☐ Kultur/Feuilleton ☐ Sport ☐ Lokales	
	☐ Politik ☐ Wirtschaft ☐ Kultur/Feuilleton ☐ Sport ☐ Lokales	
	☐ Politik ☐ Wirtschaft ☐ Kultur/Feuilleton ☐ Sport ☐ Lokales	
	☐ Politik ☐ Wirtschaft ☐ Kultur/Feuilleton ☐ Sport ☐ Lokales	
	☐ Politik ☐ Wirtschaft ☐ Kultur/Feuilleton ☐ Sport ☐ Lokales	
	☐ Politik ☐ Wirtschaft ☐ Kultur/Feuilleton ☐ Sport ☐ Lokales	
	☐ Politik ☐ Wirtschaft ☐ Kultur/Feuilleton ☐ Sport ☐ Lokales	

Name: Datum: AB 2

Eine Zeitung hat viele Bücher

Eine Zeitung besteht aus mehreren Teilen, den **Büchern**. So kann sich in einer Familie jeder den Teil nehmen, der ihn am meisten interessiert. Peter Lindberg liest morgens zuerst die Berichte aus der Politik. Seine Frau Sabine greift zum Lokalteil. Sohn Max, ein begeisterter Fußballspieler, liest den Sportteil am liebsten.
Es gibt fünf Fachgebiete, das sind die **Sparten**: Politik, Wirtschaft, Lokales, Sport und Kultur. Zeitungen fassen manche Sparten in einem Buch zusammen, zum Beispiel Politik und Wirtschaft.

Politik: Der Bundestag beschließt ein neues Gesetz, Politiker diskutieren über die Arbeitslosigkeit, Terror in Israel: Dieser Bereich informiert dich über politische Ereignisse und Entscheidungen. Die Politik ist meist das erste Buch und umhüllt die inneren Teile wie ein Mantel.

Wirtschaft: Eine große Firma ist pleite, zwei Unternehmen schließen sich zusammen, Tipps zum Sparen oder Börsennachrichten – solche Themen findest du in der Wirtschaft.

Lokales: Der Lokalteil informiert dich über Ereignisse aus deinem Ort. Lokal heißt örtlich. Reporter berichten über einen verdreckten Spielplatz, eine Zirkusvorstellung oder über einen Brand in der Bücherei. Zum Service zählen Kinoprogramm, Öffnungszeiten von Museen oder Veranstaltungstipps. Die meisten Leser interessieren sich für den Lokalteil.

Sport: Hier findest du zum Beispiel die Ergebnisse der Fußball-Bundesliga und Berichte über Weltmeisterschaften oder die Olympischen Spiele. Wie sich dein Lieblingsverein aus deinem Ort geschlagen hat, erfährst du auf den Seiten des Lokalsports.

Kultur/Feuilleton: Der Kulturteil heißt auch Feuilleton. Das Wort stammt vom französischen „feuillet" ab, was Blättchen bedeutet. Früher erschienen die Berichte des Kulturteils auf einem lose beigelegten Blatt. Heute ist die Kultur fester Bestandteil der Zeitung. Du findest hier Artikel über Theateraufführungen, Konzerte oder Bücher.

1. *Wie viele Bücher hat deine Zeitung?*
2. *Schau dir das erste Buch an. Am Anfang der Seiten findest du Überschriften wie zum Beispiel „Seite 3" oder „Zeitgeschehen" im Politikteil. Wie heißen sie in deiner Zeitung? Schreibe auf.*

Name: Datum: AB 3a

Die Titelseite (1)

Auf dem Titelblatt fällt ein Text besonders auf, denn er hat eine größere Überschrift als alle anderen: Dieser **Artikel** heißt **Aufmacher**. Er ist der wichtigste Bericht der Seite und steht in der oberen Hälfte. Der Aufmacher ist meistens am längsten und hat immer die dickste Überschrift.

Schlagzeile nennt man in der Zeitungssprache die Überschrift, die neugierig machen soll. Die **Unterzeile** erläutert die Aussage der Überschrift näher. Der Beginn eines Artikels, der **Vorspann**, ist oft fett gedruckt und beschreibt das Wesentliche.

Ein Blickfang ist das größte Foto, der **Bildaufmacher**. Gute Fotos sind wichtig. Untersuchungen haben gezeigt, dass sich die Leser zuerst die Bilder anschauen. Unter jedem Foto steht eine **Bildunterschrift.** Sie informiert dich, welche Situation dargestellt ist, und nennt die Namen der abgebildeten Personen.

Die **Meldung** ist ein kurzer Text von 8 bis 30 Zeilen. Am Ende eines Artikels oder einer Meldung steht manchmal ein **Verweis** auf einen bestimmten Teil der Zeitung. Dann weißt du, dass es noch einen längeren Bericht gibt, zum Beispiel im Lokalteil.

Eine Zeitungsseite besteht aus mehreren **Spalten**. Der Name der Zeitung bildet mit dem Datum, dem Preis und der Ausgabennummer den **Zeitungskopf**. Die Stelle, an der die Zeitung geknickt ist, heißt **Bruch**.

1. *Wie heißt heute der Aufmacher deiner Zeitung auf dem Titelblatt? Wie viele Zeilen hat er?*
2. *Wie viele Spalten hat deine Zeitung?*
3. *Nenne die Überschriften von drei Meldungen.*
4. *Nenne eine Bildunterschrift.*

Die Titelseite (2)

Lunefelder Nachrichten

Unabhängig – Überparteilich

Freitag, 22. Oktober 2027 **2,40 Euro**

Hans Meier gewinnt

■ **Lunefeld.** Dies ist ein Blindtext. Dies ist ein Blindtext. Dies ist ein Blindtext. Dies ist ein Blindtext. Dies ist ein Blindtext. Dies ist ein Blindtext. Dies ist ein Blindtext. Dies ist ein Blindtext. Dies ist ein Blindtext.

Schwein gehabt

■ **Klein-Lunefeld.** Dies ist ein Blindtext. Dies ist ein Blindtext. Dies ist ein Blindtext. Dies ist ein Blindtext. Dies ist ein Blindtext. Dies ist ein Blindtext. Dies ist ein Blindtext.

Hoher Besuch

■ **Peking.** Dies ist ein Blindtext. Dies ist ein Blindtext. Dies ist ein Blindtext. Dies ist ein Blindtext. Dies ist ein Blindtext. Dies ist ein Blindtext. Dies ist ein Blindtext. Dies ist ein Blindtext. Dies ist ein Blindtext. Dies ist ein Blindtext.

Ozonloch wächst

■ **Sydney.** Dies ist Blindtext. Dies ist ein Blindtext. Dies ist ein Blindtext. Dies ist ein Blindtext. Dies ist Blindtext. Dies ist Blindtext. Dies ist ein Blindtext. Dies ist ein Blindtext. Dies ist ein Blindtext. Dies ist ein Blindtext.

PISA-Test

■ **Bremen.** Dies ist ein Blindtext. Dies ist ein Blindtext. Dies ist ein Blindtext. Dies ist ein Blindtext. Dies ist ein Blindtext. Dies ist ein Blindtext. Dies ist ein Blindtext. Dies ist ein Blindtext.

Nobelpreis

■ **Stockholm.** Dies ist ein Blindtext. Dies ist ein Blindtext. Dies ist ein Blindtext. Dies ist ein Blindtext. Dies ist ein Blindtext. Dies ist ein Blindtext. Dies ist ein Blindtext. Dies ist ein Blindtext.

Laubschlacht: *Diese Kinder genießen das schöne Herbstwetter. Auch am Wochenende bleibt uns die Sonne erhalten.*

Der Herbst ist da

■ **Bochum.** Dies ist ein Blindtext. Dies ist ein Blindtext. Dies ist ein Blindtext. Dies ist ein Blindtext. Dies ist ein Blindtext. Dies ist ein Blindtext.

Dies ist ein Blindtext. Dies ist ein Blindtext. Dies ist ein Blindtext. Dies ist ein Blindtext. Dies ist ein Blindtext. Dies ist ein Blindtext. Dies ist ein Blindtext. Dies ist ein Blindtext. Dies ist ein Blindtext. Dies ist ein Blindtext. Dies ist ein Blindtext. Dies ist ein Blindtext. Dies ist ein Blindtext. Dies ist ein Blindtext. Dies ist ein Blindtext. Dies ist ein Blindtext.

Gesundheitsreform ist beschlossene Sache

Bürger müssen sich auf höhere Zuzahlungen einstellen

Dies ist ein Blindtext. Dies ist ein Blindtext. Dies ist ein Blindtext. Dies ist ein Blindtext. Dies ist ein Blindtext. Dies ist ein Blindtext. Dies ist ein Blindtext. Dies ist ein Blindtext. Dies ist ein Blindtext. Dies ist ein Blindtext. Dies ist ein Blindtext. Dies ist ein Blindtext. Dies ist ein Blindtext. Dies ist ein Blindtext. Dies ist ein Blindtext. Dies ist ein Blindtext. Dies ist ein Blindtext. Dies ist ein Blindtext. Dies ist ein Blindtext. Dies ist ein Blindtext. Dies ist ein Blindtext. Dies ist ein Blindtext. Dies ist ein Blindtext. Dies ist ein Blindtext.

Dies ist ein Blindtext. Dies ist ein Blindtext. Dies ist ein Blindtext. Dies ist ein Blindtext. Dies ist ein Blindtext. Dies ist ein Blindtext. Dies ist ein Blindtext. Dies ist ein Blindtext. Dies ist ein Blindtext. Dies ist ein Blindtext. Dies ist ein Blindtext.

Dies ist ein Blindtext. Dies ist ein Blindtext. Dies ist ein Blindtext. Dies ist ein Blindtext. Dies ist ein Blindtext. Dies ist ein Blindtext. Dies ist ein Blindtext.

Dies ist ein Blindtext. Dies ist ein Blindtext. Dies ist ein Blindtext. Dies ist ein Blindtext. Dies ist ein Blindtext. Dies ist ein Blindtext. Dies ist ein Blindtext.

Dies ist ein Blindtext. Dies ist ein Blindtext. Dies ist ein Blindtext. Dies ist ein Blindtext. Dies ist ein Blindtext.

➤ *Kommentar, S. 2*

Lob für Wirtschaft

■ **Köln.** Dies ist Blindtext. Dies ist ein Blindtext. Dies ist ein Blindtext. Dies ist ein Blindtext. Dies ist Blindtext. Dies ist Blindtext. Dies ist ein Blindtext. Dies ist ein Blindtext. Dies ist ein Blindtext. Dies ist ein Blindtext.

Bankchef tritt zurück

■ **Köln.** Dies ist ein Blindtext. Dies ist ein Blindtext. Dies ist ein Blindtext. Dies ist ein Blindtext. Dies ist ein Blindtext. Dies ist ein Blindtext. Dies ist ein Blindtext. Dies ist ein Blindtext.

Buchpreis vergeben

■ **Köln.** Dies ist ein Blindtext. Dies ist ein Blindtext. Dies ist ein Blindtext. Dies ist ein Blindtext. Dies ist ein Blindtext. Dies ist ein Blindtext. Dies ist ein Blindtext. Dies ist ein Blindtext. Dies ist ein Blindtext.

Gold für Reiter

■ **München.** Dies ist ein Blindtext. Dies ist ein Blindtext. Dies ist ein Blindtext. Dies ist ein Blindtext. Dies ist ein Blindtext. Dies ist ein Blindtext. Dies ist ein Blindtext. Dies ist ein Blindtext. Dies ist ein Blindtext. Dies ist ein Blindtext.

Unfall auf Autobahn

■ **Köln.** Dies ist ein Blindtext. Dies ist ein Blindtext. Dies ist ein Blindtext. Dies ist ein Blindtext. Dies ist ein Blindtext. Dies ist ein Blindtext. Dies ist ein Blindtext. Dies ist ein Blindtext. Dies ist ein Blindtext. Dies ist ein Blindtext.

Nachwuchsreporter

Dies ist ein Blindtext. Dies ist ein Blindtext. Dies ist ein Blindtext. Dies ist ein Blindtext. Dies ist ein Blindtext. Dies ist ein Blindtext. Dies ist ein Blindtext. Dies ist ein Blindtext. Dies ist ein Blindtext. Dies ist ein Blindtext. Dies ist ein Blindtext. Dies ist ein Blindtext. Dies ist ein Blindtext. Dies ist ein Blindtext. Dies ist ein Blindtext. Dies ist ein Blindtext.

Name: Datum: AB 3c

Die Titelseite (3)

Beschrifte die Titelseite mit den passenden Fachbegriffen.

Lunefelder Nachrichten

Unabhängig – Überparteilich

Freitag, 22. Oktober 2027 **2,40 Euro**

Hans Meier gewinnt

■ **Lunefeld.** Dies ist ein Blindtext. Dies ist ein Blindtext. Dies ist ein Blindtext. Dies ist ein Blindtext. Dies ist ein Blindtext. Dies ist ein Blindtext. Dies ist ein Blindtext. Dies ist ein Blindtext. Dies ist ein Blindtext.

Schwein gehabt

■ **Klein-Lunefeld.** Dies ist ein Blindtext. Dies ist ein Blindtext. Dies ist ein Blindtext. Dies ist ein Blindtext. Dies ist ein Blindtext. Dies ist ein Blindtext. Dies ist ein Blindtext.

Laubschlacht: Diese Kinder genießen das schöne Herbstwetter. Auch am Wochenende bleibt uns die Sonne erhalten.

Der Herbst ist da

■ **Bochum.** Dies ist ein Blindtext. Dies ist ein Blindtext. Dies ist ein Blindtext. Dies ist ein Blindtext. Dies ist ein Blindtext. Dies ist ein Blindtext. Dies ist ein Blindtext.

Dies ist ein Blindtext. Dies ist ein Blindtext. Dies ist ein Blindtext. Dies ist ein Blindtext. Dies ist ein Blindtext. Dies ist ein Blindtext. Dies ist ein Blindtext. Dies ist ein Blindtext. Dies ist ein Blindtext. Dies ist ein Blindtext. Dies ist ein Blindtext. Dies ist ein Blindtext. Dies ist ein Blindtext. Dies ist ein Blindtext. Dies ist ein Blindtext. Dies ist ein Blindtext. Dies ist ein Blindtext.

Gesundheitsreform ist beschlossene Sache

Bürger müssen sich auf höhere Zuzahlungen einstellen

Dies ist ein Blindtext. Dies ist ein Blindtext. Dies ist ein Blindtext. Dies ist ein Blindtext. Dies ist ein Blindtext. Dies ist ein Blindtext. Dies ist ein Blindtext. Dies ist ein Blindtext. Dies ist ein Blindtext. Dies ist ein Blindtext. Dies ist ein Blindtext. Dies ist ein Blindtext. Dies ist ein Blindtext. Dies ist ein Blindtext. Dies ist ein Blindtext. Dies ist ein Blindtext. Dies ist ein Blindtext. Dies ist ein Blindtext. Dies ist ein Blindtext. Dies ist ein Blindtext. Dies ist ein Blindtext. Dies ist ein Blindtext. Dies ist ein Blindtext. Dies ist ein Blindtext. Dies ist ein Blindtext. Dies ist ein Blindtext. Dies ist ein Blindtext.

Dies ist ein Blindtext. Dies ist ein Blindtext. Dies ist ein Blindtext. Dies ist ein Blindtext. Dies ist ein Blindtext. Dies ist ein Blindtext. Dies ist ein Blindtext. Dies ist ein Blindtext. Dies ist ein Blindtext. Dies ist ein Blindtext.

Dies ist ein Blindtext. Dies ist ein Blindtext. Dies ist ein Blindtext. Dies ist ein Blindtext. Dies ist ein Blindtext. Dies ist ein Blindtext. Dies ist ein Blindtext. Dies ist ein Blindtext. Dies ist ein Blindtext. Dies ist ein Blindtext. Dies ist ein Blindtext. Dies ist ein Blindtext.

Dies ist ein Blindtext. Dies ist ein Blindtext. Dies ist ein Blindtext. Dies ist ein Blindtext. Dies ist ein Blindtext. Dies ist ein Blindtext.

➤ Kommentar, S. 2

Hoher Besuch

■ **Peking.** Dies ist ein Blindtext. Dies ist ein Blindtext. Dies ist ein Blindtext. Dies ist ein Blindtext. Dies ist ein Blindtext. Dies ist ein Blindtext. Dies ist ein Blindtext. Dies ist ein Blindtext. Dies ist ein Blindtext.

Ozonloch wächst

■ **Sydney.** Dies ist Blindtext. Dies ist ein Blindtext. Dies ist ein Blindtext. Dies ist ein Blindtext. Dies ist Blindtext. Dies ist ein Blindtext. Dies ist ein Blindtext. Dies ist ein Blindtext. Dies ist ein Blindtext.

PISA-Test

■ **Bremen.** Dies ist ein Blindtext. Dies ist ein Blindtext. Dies ist ein Blindtext. Dies ist ein Blindtext. Dies ist ein Blindtext. Dies ist ein Blindtext. Dies ist ein Blindtext. Dies ist ein Blindtext.

Nobelpreis

■ **Stockholm.** Dies ist ein Blindtext. Dies ist ein Blindtext. Dies ist ein Blindtext. Dies ist ein Blindtext. Dies ist ein Blindtext. Dies ist ein Blindtext. Dies ist ein Blindtext. Dies ist ein Blindtext.

Gold für Reiter

■ **München.** Dies ist ein Blindtext. Dies ist ein Blindtext. Dies ist ein Blindtext. Dies ist ein Blindtext. Dies ist ein Blindtext. Dies ist ein Blindtext. Dies ist ein Blindtext. Dies ist ein Blindtext. Dies ist ein Blindtext. Dies ist ein Blindtext.

Unfall auf Autobahn

■ **Köln.** Dies ist ein Blindtext. Dies ist ein Blindtext. Dies ist ein Blindtext. Dies ist ein Blindtext. Dies ist ein Blindtext. Dies ist ein Blindtext. Dies ist ein Blindtext. Dies ist ein Blindtext. Dies ist ein Blindtext. Dies ist ein Blindtext.

Lob für Wirtschaft

■ **Köln.** Dies ist Blindtext. Dies ist ein Blindtext. Dies ist ein Blindtext. Dies ist Blindtext. Dies ist ein Blindtext. Dies ist ein Blindtext. Dies ist ein Blindtext. Dies ist ein Blindtext.

Bankchef tritt zurück

■ **Köln.** Dies ist ein Blindtext. Dies ist ein Blindtext. Dies ist ein Blindtext. Dies ist ein Blindtext. Dies ist ein Blindtext. Dies ist ein Blindtext. Dies ist ein Blindtext.

Buchpreis vergeben

■ **Köln.** Dies ist ein Blindtext. Dies ist ein Blindtext. Dies ist ein Blindtext. Dies ist ein Blindtext. Dies ist ein Blindtext. Dies ist ein Blindtext. Dies ist ein Blindtext. Dies ist ein Blindtext.

Nachwuchsreporter

Dies ist ein Blindtext. Dies ist ein Blindtext. Dies ist ein Blindtext. Dies ist ein Blindtext. Dies ist ein Blindtext. Dies ist ein Blindtext. Dies ist ein Blindtext. Dies ist ein Blindtext. Dies ist ein Blindtext. Dies ist ein Blindtext. Dies ist ein Blindtext. Dies ist ein Blindtext. Dies ist ein Blindtext. Dies ist ein Blindtext. Dies ist ein Blindtext. Dies ist ein Blindtext.

2. Zeitungslandschaft

Ein vielfältiger Markt

AB 4: Bunter Blätterwald (Seite 16)
AB 5: Zeitungen und Zeitschriften (Seite 17)

Der Markt der Printmedien ist vielfältig und unüberschaubar zugleich. In Deutschland gibt es neben ca. 330 Tageszeitungen schätzungsweise 3000 bis 4000 Zeitschriftentitel. Damit sich die Kinder besser orientieren können, sollen sie verschiedene Printmedien von zu Hause mitbringen und sortieren: Tageszeitung, Wochenzeitung, Anzeigenblatt, Zeitschrift bzw. Nachrichtenmagazin.
Zunächst sammeln sie Merkmale der verschiedenen Printprodukte und notieren diese auf einem Plakat, das in der Klasse ausgestellt wird. Nach dem Lesen des AB 4, *Bunter Blätterwald*, ergänzen sie gegebenenfalls ihre Stichpunkte und sortieren anschließend in Gruppenarbeit oder im Klassenverband die Printmedien. Jedes Kind trägt dann die Titel in die entsprechenden Kategorien ein (AB 5: *Zeitungen und Zeitschriften*). Darüber hinaus können die Schüler sammeln, wie sich zum Beispiel ihre Tageszeitung von Boulevardblättern wie der Bild-Zeitung oder dem werbeorientierten Anzeigenblatt unterscheidet.

Zum Hintergrund: Zeitungen werden in ihrer Erscheinungsweise zwischen regional und überregional unterschieden. Anders als die regionalen werden die überregionalen im gesamten Bundesgebiet verkauft. Damit Zeitungen als überregional gelten, muss mindestens 20 Prozent ihrer Auflage außerhalb ihres Kernverbreitungsgebietes verkauft werden.

Eine Auswahl an Printmedien:

- Süddeutsche Zeitung, Frankfurter Allgemeine Zeitung, Die Welt, die tageszeitung (**überregionale Tageszeitungen**)
- Bild-Zeitung, Express, Morgenpost, Abendzeitung, B.Z., Berliner Kurier, Hamburger Morgenpost (**Boulevardzeitungen**)
- Die Zeit, Frankfurter Allgemeine Sonntagszeitung, Welt am Sonntag (**Wochenzeitungen bzw. Sonntagszeitungen)**
- Spiegel, Focus (**Nachrichtenmagazine)**

Name: Datum:

AB 4

Bunter Blätterwald

Lies den Text.

Zeitungen und Zeitschriften, wohin das Auge schaut: Am Kiosk oder in der Bahnhofsbuchhandlung gibt es eine riesige Auswahl. So riesig, dass man es nicht schaffen könnte, alles zu lesen.

- Über Aktuelles aus Politik, Wirtschaft, Kultur und Sport informieren dich täglich die **Tageszeitungen**. Das Besondere an den Lokalzeitungen ist, dass sie auch über Neuigkeiten aus deiner Heimat berichten. In Deutschland erscheinen zurzeit etwa 330 Tageszeitungen. Sie werden von den Kunden meistens für einen monatlichen Preis bestellt und von Boten ausgeliefert.
- Wie der Name verrät, erscheinen **Wochenzeitungen** einmal wöchentlich. Dazu gehören die „Frankfurter Allgemeine Sonntagszeitung“ oder „Die Zeit“. Im Gegensatz zu den Tageszeitungen berichten sie ausführlicher über Ereignisse. Das gilt auch für die **Nachrichtenmagazine**, zu denen „Spiegel“ und „Focus“ zählen.
- **Boulevardzeitungen** sind nur am Kiosk erhältlich. Die größte und bekannteste Boulevardzeitung ist die „Bild“. Sie druckt viele Bilder und hat fetzige Überschriften mit großen Buchstaben. Sie berichtet auch über Klatsch, Skandale und Tragödien. Die einen finden die einfache Sprache gut. Die anderen bemängeln, dass die Artikel oft übertrieben sind.
- **Zeitschriften** sind geheftet und häufig etwa so groß wie ein Schreibblock (DIN A4). Auffällig sind die vielen Bilder. Deshalb heißen Zeitschriften auch Illustrierte (illustrieren bedeutet bebildern). Zeitschriften erscheinen nicht täglich, sondern zum Beispiel wöchentlich, 14-täglich oder einmal im Monat. Es gibt Zeitschriften, die sich eigens an Kinder oder Jugendliche richten. Andere befassen sich mit bestimmten Themen wie Computer, Garten oder Pferde.
- Umsonst gibt es die **Anzeigenblätter**. Darin werben viele Unternehmen. Diese Zeitungen berichten aber auch über aktuelle Ereignisse. Sie erscheinen meist wöchentlich oder monatlich.

Name: Datum:

AB 5

Zeitungen und Zeitschriften

Trage die Titel der Zeitungen und Zeitschriften in die passenden Spalten ein.

Tageszeitung	Wochenzeitung	Boulevardzeitung	Zeitschrift	Nachrichtenmagazin

3. Ein Tag bei der Zeitung

Der Alltag eines Journalisten

Ein Redakteur vereint oft viele Tätigkeiten: Er schreibt, fotografiert, gestaltet die Zeitungsseiten und stellt seine Artikel online. Zwar beschäftigen die Zeitungen ausgebildete Fotografen, doch die sind längst nicht in jeder Lokalredaktion vertreten. Manche Redaktionen stellen einen Kollegen ausschließlich für die Gestaltung der Seiten ab. Bei der Wahrnehmung der Termine, die oft nach Feierabend stattfinden, unterstützen den Redakteur die Volontäre, also die Auszubildenden, sowie freie Mitarbeiter.

Die Arbeitsblätter (AB 6–13) geben Schritt für Schritt einen Einblick in den Berufsalltag, angefangen vom Schreiben der Nachricht bis zur druckfrischen Zeitung. Sehr empfehlenswert und für die Kinder motivierend ist ein Besuch in einer Lokalredaktion. Die Kinder können einen Redakteur beobachten, wie er Seiten baut. Er plaudert aus seinem Metier, beantwortet Fragen, gibt den Kindern Tipps zum Schreiben und vielleicht erzählt er auch, welcher Aufmacher morgen in der Zeitung stehen wird.

AB 6: Eine Nachricht erreicht den Leser (Seite 21)

Journalisten spüren täglich Informationen auf und versorgen die Leser mit Neuigkeiten. Mit der Bildergeschichte auf AB 6 sollen die Kinder einen Einblick bekommen, wie die Nachricht in die Zeitung und damit zum Leser gelangt. Ein Ereignis geschieht – der Journalist wird informiert – er recherchiert und schreibt. Dabei forscht er aber nicht immer am Ort des Geschehens nach, denn viele Informationen lassen sich auch am Telefon oder übers Internet einholen.

Fragen Sie die Kinder, wie die Zeitungsredakteure von einem Brand erfahren. Dazu gibt es mehrere Möglichkeiten: In der Regel teilt die Feuerwehr oder die Polizei der Redaktion den Brand mit, ein Leser sagt Bescheid oder ein Journalist bekommt zufällig selbst diesen Vorfall mit.

Die Kinder schneiden die Bildergeschichte aus und sortieren diese in der richtigen Reihenfolge. Anhand von vergrößerten, einzelnen Bildern (DIN A4) präsentieren sie ihr Ergebnis an der Tafel. Anschließend erstellen alle ein kleines Bilderbuch mit einem selbst gestalteten Deckblatt. Auf spielerische Weise machen sich die Kinder damit den Weg von der Nachricht in die Zeitung noch einmal deutlich.

Lösung:
1. Das Bauernhaus brennt.
2. Die Feuerwehr kommt und löscht den Brand.
3. Ein Feuerwehrmann informiert die Zeitung.
4. Ein Reporter befragt Zeugen vor Ort.
5. Reporter schreibt den Artikel.
6. Zeitung wird gedruckt.
7. Zeitung wird ausgeliefert.
8. Leser holt Zeitung aus dem Briefkasten.

AB 7: Immer auf dem Sprung (Seite 22)

Ein Redakteur weiß nie, welche Ereignisse ihn am nächsten Morgen erwarten – die geplanten Termine ausgenommen. Dieses Arbeitsblatt soll einen typischen Redaktionsalltag widerspiegeln. Die Kinder lernen sowohl den Begriff des Redakteurs kennen als auch sein Berufsfeld, das skizziert wird. Sie schlüpfen kurz in die Rolle des Journalisten, indem sie Frage c) beantworten (Was macht Benno Flink an Ort und Stelle?) Denn was macht ein Journalist als Erstes? Er sucht Ansprechpartner, Zeugen und stellt Fragen.

Um die Aufgabe zu bearbeiten, können sich die Kinder AB 6 (Seite 21) zur Hilfe nehmen. Bei der Beantwortung der vierten Frage agieren die Kinder aus der Sicht des Lesers. Sie müssen sich überlegen, welche Aspekte wichtig sind, um gut informiert zu sein.

Lösung:
1. Er sammelt Informationen, plant Themen, schreibt Artikel und berichtigt Texte. Oft fotografiert er auch und gestaltet die Zeitungsseiten.
2. Redaktion
3. Er befragt einen Feuerwehrmann, den Fabrikchef, Zeugen und beobachtet das Geschehen.
4. Beispiele: Gibt es Verletzte? Falls ja, wie viele? Welche Verletzungen haben sie? Wie ist es zu dem Unglück gekommen? Welchen Schaden hat das Unglück verursacht?

AB 8: Ein Reporter an Ort und Stelle (Seite 23)

Dieses Arbeitsblatt ist eine Fortsetzung des vorherigen. Wie ein Reporter sollen sich die Kinder eine Frage überlegen, die sie der Zeugin stellen könnten. An dieser Stelle wäre es von den Kindern zu viel verlangt, einen eigenen Bericht zu schreiben. Verschiedene journalistische Darstellungsformen, wie auch den Bericht, lernen sie später kennen. Stattdessen sollen sie sich langsam an das Schreiben gewöhnen und eine Geschichte aus Sicht der Zeugin schreiben. Der vorgeschlagene Anfang des Aufsatzes ist ein Angebot, um ihnen das Schreiben zu erleichtern. Sie können aber auch einen anderen Einstieg wählen.

AB 9: Woher wissen die das? (Seite 24)

Außer Terminen wartet viel Schreibtischarbeit auf den Redakteur. Dieses Arbeitsblatt gibt den Kindern einen Einblick, wie der Journalist zu seinen Informationen kommt: Pressemitteilungen, Befragung von Experten, Recherche im Archiv, Internet und in Büchern. Genauso wichtig ist die eigene Wachsamkeit des Redakteurs gegenüber möglichen Themen.
Im Gespräch fassen die Kinder zusammen, wie sich Journalisten informieren bzw. wie sie informiert werden. Anhand der zwei Aufgaben sollen die Kinder lernen, selbst zu recherchieren. Dazu überlegen sie sich in Einzel- oder Partnerarbeit, wie sie Informationen beschaffen würden. Damit üben sie, sich selbstständig Themen zu erarbeiten.

Vorschlag 1:
a) Polizei zur Tat befragen: Stimmt die Aussage der Zeugin? Falls ja, gibt es Verdächtige?
b) Zum Stadtpark fahren, um sich selbst ein Bild zu machen
c) Anruf beim Gartenbauamt: Wie groß ist der Schaden? Wie viele Bäume wurden abgeknickt? Werden neue gepflanzt?
d) Falls das Ausmaß sehr groß ist, einen Termin vor Ort mit einem Mitarbeiter des Gartenbauamtes ausmachen.

Vorschlag 2:
a) Bücher in der Stadtbibliothek ausleihen
b) Evtl. einen Experten interviewen
c) Vorrecherche im Internet möglich

Als Differenzierung oder Hausaufgabe können die Kinder tatsächlich Informationen über ein Tier sammeln und in Stichpunkten zusammentragen. Im Unterrichtsgespräch erzählen sie, wie sie bei ihrer Recherche vorgegangen sind: Welche Medien haben sie genutzt? Wurde ein Experte zu Rate gezogen? Dieser könnte ein Biologe, Förster oder Tierarzt aus dem Bekanntenkreis sein.
Im Falle einer Internetrecherche sollten die Kinder darauf aufmerksam gemacht werden, dass die Informationen aus unterschiedlichen Quellen stammen. Sie sind oft ungeprüft, nicht immer aktuell und meist ist es unklar, wie hieb- und stichfest die Informationen sind.
Daher empfehlen sich spezielle Suchmaschinen für Kinder oder Kinderseiten. Besonders empfehlenswert ist hierbei die Blinde Kuh (www.blinde-kuh.de), die neben ihrem eigenen Angebot auf Links anderer Suchmaschinen für Kinder verweist wie zum Beispiel geolino.

AB 10: Nachrichten aus aller Welt (Seite 25)

Ohne die Nachrichtenagenturen wäre die Zeitung erheblich dünner. Im Mantel, also Politik, Wirtschaft, Sport und Kultur, sind zu einem Großteil die Texte und Bilder der Agenturen abgedruckt. Rund 70 Prozent aller Meldungen aus dem Ausland und etwa 60 Prozent aller Meldungen aus dem Inland stammen von Nachrichtenagenturen. Im Lokalteil hingegen sind sie kaum zu finden, denn für dieses Ressort recherchieren die Redakteure, Volontäre und freien Mitarbeiter selbst. Die Zeitungen sind auf die Nachrichtenagenturen angewiesen, denn allein könnten sie niemals Informationen aus allen Teilen der Welt beschaffen.
Damit die Kinder eine Vorstellung von der Menge der abgedruckten Agenturtexte haben, sollen sie im Mantel danach suchen und diese zählen (AB 10). Schreiben Sie dazu die Kürzel der bekanntesten Agenturen an die Tafel. Deutsche Zeitungen nutzen vorwiegend folgende Nachrichtenagenturen: Deutsche Presse-Agentur (dpa), Agence France-Press (AFP), Reuters (rtr), der Sport-Informations-Dienst (sid), der Evangelische Pressedienst (epd) und die Katholische Nachrichten-Agentur (KNA).
Mit dem AB 11 lernen die Kinder spielerisch, sich auf der Europakarte zurechtzufinden. Ähnliche Übungen sind mithilfe des Atlasses auch für die gesamte Welt und speziell für Deutschland möglich: Zum einen finden die Kinder heraus, auf welchem Kontinent sich die in der Zeitung erwähnten Länder befinden. Zum anderen suchen sie auf der Deutschlandkarte, in welchen Bundesländern sich die genannten Städte befinden.

AB 11 Layout – das Gesicht der Zeitung (Seite 26)

Was ist der Aufmacher? Welche Meldungen nehmen wir mit? Welche Bilder drucken wir? Das sind Fragen, mit denen sich ein Redakteur täglich auseinandersetzt. Er muss entscheiden, wie viele Zeilen er den Artikeln einräumt und wo er Texte und Bilder platziert.
In die Rolle des Redakteurs schlüpfen die Kinder, indem sie selbst die Titelseite einer Zeitung erstellen. Dazu betrachten sie zunächst ein Titelblatt einer Zeitung und wiederholen die Fachbegriffe wie Meldung, Schlagzeile, Bildunterzeile etc. Dann sammeln sie gemeinsam, welche Kriterien ihnen im Hinblick auf die Gestaltung auffallen, und überlegen, welche Aspekte für ein gelungenes Layout wichtig sein könnten. Schreiben Sie die Beobachtungen und Vorschläge an die Tafel.
Anschließend lesen die Kinder das Arbeitsblatt – offene Fragen werden geklärt und ihre Ergebnisse mit dem Arbeitsblatt verglichen. Verteilen Sie dann in Umschlägen ein Angebot aus Meldungen, Artikeln und Bildern, die Sie aus mehreren Exemplaren einer Ausgabe (Titelblatt) ausgeschnitten haben. Die Kinder sollen nun in Partnerarbeit eine eigene Seite erarbeiten und diese auf Pappe kleben. Weisen Sie die Kinder darauf hin, dass der Zeitungskopf immer an derselben Stelle steht. Später stellen die Kinder ihre Seiten aus und überlegen sich, welche Gemeinsamkeiten es zwischen ihren Ergebnissen gibt.
Je nach Redakteur kann die Anordnung der Texte und Bilder verschieden sein. Das bezieht sich natürlich auch auf die Auswahl der Artikel, die hier jedoch nicht zur Diskussion steht.

AB 12: Papierschlange – die Zeitung wird gedruckt (Seite 27)

Wenn abends die Lichter in der Redaktion ausgehen, beginnt der Arbeitstag im Druckhaus. Die haushohe Rotationsmaschine rattert, während sich die Zeitungen über Förderbänder durch die Halle schlängeln. Dieser Anblick ist imposant und ein Besuch in der Druckerei auf jeden Fall empfehlenswert. Dort erleben die Kinder hautnah, wie die buchstäblich druckfrischen Exemplare entstehen, die am nächsten Morgen im Briefkasten landen.
An diesem außerschulischen Lernort bekommen die Kinder auch eine bessere Vorstellung von der Masse an Zeitungen, dem Papierverbrauch, der Rotationsmaschine an sich und dem Vertriebsweg. Ein Nachteil ist allerdings, dass der Druck oft spätabends beginnt. Manche Ausgaben werden aber auch am frühen Abend gedruckt – das sollten Sie vorher klären.
Das Arbeitsblatt dient zur Information und/oder zur Vorbereitung auf einen Besuch der Druckerei. Die Kinder sollen das Prinzip des Offsetdrucks kennenlernen. Dazu ist ein Vergleich aus dem Alltag hilfreich: Auf einer Suppe schwimmen die Fettaugen oben, weil sich Fett und Wasser abstoßen. Genau diese Eigenschaft wurde beim Offsetdruck umgesetzt. Die Zeichnung erleichtert das Verständnis. Ist tatsächlich ein Ausflug zum Druckhaus geplant, sollten sich die Kinder Fragen überlegen, die sie einem Mitarbeiter stellen möchten.

AB 13: Online-Redaktion (Seite 28)

Durch die digitalen Medien hat sich nicht nur die Zeitungslandschaft verändert, auch das Rollenprofil von Journalisten ist vielfältiger geworden. Die Zeitungsverlage müssen immer stärker auf Online-Angebote setzen, die den Leser 24 Stunden mit aktuellen Nachrichten und Artikeln versorgen. Auch Zeitungen, die nur noch als Online-Version existieren, gibt es. Dadurch ist das Berufsbild des Online-Redakteurs entstanden, dessen Berufsalltag noch von einer viel stärkeren Schnelllebigkeit geprägt ist als der des Print-Redakteurs.
Das Arbeitsblatt bringt diesen Aspekt den Kindern näher, indem sie den Text lesen und in der Tabelle ankreuzen, was zutrifft. So gelingt es Ihnen wieder, den zeitgemäßen digitalen Aspekt entsprechend unterzubringen.

Name: Datum: **AB 6**

Eine Nachricht erreicht den Leser

Schneide die Bilder aus und bringe sie in die richtige Reihenfolge. Erstelle dann ein Bilderbuch. Das Deckblatt kannst du selbst gestalten.

Immer auf dem Sprung

Lokalreporter Benno Flink stürmt die Stufen zum Büro der „Lunefelder Nachrichten" herauf. **Redaktion** steht an der Tür. Dort arbeiten fest angestellte Journalisten, die **Redakteure**. Sie sammeln Informationen, planen Themen, schreiben Artikel und berichtigen Texte. Oft fotografieren sie selbst und gestalten aus Texten und Bildern die Zeitungsseiten.

In der Redaktion der Lunefelder Nachrichten klappern die Tasten der Computer, Papier raschelt, es duftet nach Kaffee, Gemurmel. Doch dann wird es still – die **Konferenz** beginnt. Benno Flink und seine Kollegen setzen sich an einen großen Tisch. Der Chef lobt einen gelungenen Artikel der heutigen Ausgabe und bemängelt einen Rechtschreibfehler in einer Schlagzeile.

Die Redakteure beraten anschließend, welche Themen am nächsten Tag im Blatt erscheinen sollen. Die Planung ist vorläufig. Passieren neue, wichtige Ereignisse, werden dafür andere Themen verschoben oder Texte gekürzt.

Als Benno Flink an seinen Schreibtisch zurückkehrt, klingelt sein Telefon. „Explosion in der Fabrik an der Rilkestraße, zwei Personen werden vermisst", sagt ihm ein Sprecher der Feuerwehr. Benno Flink schnappt sich Stift und Notizblock und braust los.

Beantworte folgende Fragen zum Text.

a) Was macht ein Redakteur? ______________________________

____

____

b) Wie heißt das Büro, in dem er arbeitet? ______________________________

c) Benno Flink fährt zur Fabrik, in der es eine Explosion gegeben hat. Was macht er dort?

____

____

Name: Datum:

Ein Reporter an Ort und Stelle

Benno Flink hängt seinen Mantel an den Haken und setzt sich an seinen Schreibtisch. Gerade ist er von einem Termin zurückgekehrt. Eine explodierte Maschine hat den Anbau einer Fabrik zerstört. Bilder gehen ihm durch den Kopf: Sanitäter versorgen Verletzte, Feuerwehrmänner suchen nach zwei Vermissten, Schaulustige stehen auf dem Bürgersteig.

Benno Flink sieht sich die Notizen auf seinem Schreibblock an. Er hat Zeugen befragt, mit dem Einsatzleiter der Feuerwehr und dem Fabrikchef gesprochen.

Zunächst tippt er den Ort des Geschehens: „Lunefeld“. Dahinter schreibt er in Klammern sein Kürzel „ben“ und beginnt mit dem Artikel. Später greift er zum Telefon und spricht noch einmal mit der Feuerwehr. Er will wissen, ob es Neuigkeiten gibt. „Sind die Vermissten gefunden worden?“, „Wie geht es den Verletzten?“, „Wie ist es zu der Explosion gekommen?“

Der Feuerwehrmann gibt Entwarnung. Die vermissten Arbeiter waren krank und nicht im Gebäude. Die Verletzten erlitten Prellungen und Schürfwunden. Sie befanden sich nicht in unmittelbarer Nähe der explodierten Maschine, weil sie gerade auf dem Weg zur Kantine waren. Die Ursache der Explosion weiß er noch nicht.

Benno Flink überarbeitet seinen Artikel, indem er die neuen Informationen einfügt. Morgen wird er wieder fragen, ob der Grund für das Unglück geklärt ist.

■ **Lunefeld (ben). Bei einer Explosion in der Textilfabrik Meyer & Petersen sind zehn Angestellte leicht verletzt worden. Im Anbau der Fabrik ist aus bisher ungeklärter Ursache eine Maschine in die Luft gegangen. Das Hauptgebäude blieb unbeschädigt, der Anbau hingegen ist zerstört worden.**
Als es gestern gegen 12.30 Uhr knallte, saßen die meisten Mitarbeiter in der Kantine. „Gläser und Teller klirrten plötzlich“, erzählt Sekretärin Amelie Sommer. Mit ihrer Kollegin ist die Frau sofort …

1. *Was könnte Benno Flink die Zeugin Amelie Sommer fragen? Schreibe eine Frage in die Sprechblase.*

2. *Versetze dich in die Rolle der Zeugin. Schreibe einen Erlebnisbericht aus ihrer Sicht. So könntest du beginnen:*
Meine Kollegin und ich hatten uns gerade an einen Tisch am Fenster gesetzt. Vor uns dampfte der Linseneintopf auf den Tellern. Heute aßen viele Mitarbeiter in der Kantine, denn die Eintöpfe unserer Köchin sind besonders köstlich. Plötzlich …

Woher wissen die das?

Auf dem Schreibtisch von Redakteur Benno Flink türmen sich **Pressemitteilungen**: Ein Sportverein kündigt ein Spielfest an, der Tierschutzverein braucht dringend Spenden, und die Stadt lädt zur Eröffnung eines Kindergartens ein.

Aus einem Papierberg muss der Redakteur auswählen, welche Informationen wichtig sind und in der Zeitung erscheinen sollen. Er formuliert die Mitteilungen so um, dass sie leicht zu verstehen sind. Manchmal muss er telefonieren, weil zum Beispiel die Uhrzeit für ein Theaterstück fehlt.

Benno Flink muss aufpassen, denn Pressemitteilungen können täuschen. Eine neue Geschäftsidee, die eine Firma anpreist, kann schon Schnee von gestern sein.

Ein Redakteur ist aber nicht nur auf Pressemitteilungen und Einladungen angewiesen. Er geht mit offenen Augen durch die Stadt, überlegt sich selbst Themen und nimmt die Anliegen seiner Leser ernst.

Benno Flink arbeitet zügig. Er muss noch für einen Artikel **recherchieren** – nachforschen bedeutet das. Eine Grundschule wird bald 100 Jahre alt. Er hat den Direktor interviewt, der ihm auch eine Festschrift über die Schule gegeben hat. Benno Flink schaut sich im Internet die Homepage der Schule an und kramt im Archiv der Zeitung nach alten Artikeln und Fotos.

1. *Eine aufgebrachte Leserin ruft in der Redaktion an. Die frisch gepflanzten Bäume im Stadtpark sind abgeknickt worden. Was würdest du als Reporter tun?*

2. *Du möchtest einen Artikel über ein Tier schreiben. Woher nimmst du die Informationen?*

Tipp:

Besuche das Archiv deiner Zeitung: Schau dir die Ausgabe deines Geburtsdatums an.
Vielleicht kannst du eine Kopie der ersten Seite bekommen?

Name: Datum: AB 10

Nachrichten aus aller Welt

Wenn irgendwo auf der Welt ein wichtiges Ereignis geschieht, steht es am nächsten Tag in der Zeitung. Doch wie erfahren die Journalisten von einem Erdbeben in der Türkei oder von in der Wüste entführten deutschen Urlaubern?

Die Zeitungshäuser arbeiten mit **Nachrichtenagenturen** zusammen. Diese Agenturen beschäftigen Journalisten im In- und Ausland. Die Agentur-Journalisten sammeln also weltweit Informationen, schreiben Nachrichten und übermitteln diese den Zeitungen.

Besonders die Redakteure aus den Bereichen Politik und Wirtschaft verwenden die Agenturnachrichten. Täglich bekommen sie mehrere hundert Meldungen, die sie auf ihrem Computer empfangen. Aus dieser Flut wählen sie Texte aus, überarbeiten sie, platzieren sie auf den Seiten und formulieren Überschriften. In Deutschland bieten sechs solcher Nachrichtenagenturen ihre Dienste an. Die größte ist die Deutsche Presse-Agentur (dpa).

Außerdem arbeiten die Zeitungen mit **Korrespondenten** zusammen. Das sind Journalisten, die in einer größeren Stadt oder im Ausland leben. Entweder bittet die Zeitung sie um Berichte aus ihrem Ort oder der Journalist bietet selbst Artikel an. Korrespondenten und Nachrichtenagenturen sind wichtig – ohne ihre Texte wäre die Zeitung erheblich dünner.

Schau dir die Zeitung an. Findest du Texte von Nachrichtenagenturen wie der dpa (Deutsche Presse-Agentur)? Zähle sie.

Artikel und Foto sollen ein Rechteck bilden. Das macht die Seite übersichtlich.

Die Gesichter auf Fotos sollen in die Seite hineinschauen. Sonst bewegen sich die Augen des Lesers vom Artikel weg.

Layout – das Gesicht der Zeitung

Der Erfolg einer Zeitung hängt nicht allein von guten Artikeln oder Kinotipps ab. Das „Gesicht der Zeitung“, das **Layout**, spielt auch eine entscheidende Rolle. Jede Seite soll abwechslungsreich gestaltet sein. Der Redakteur überlegt sich, wie er Texte, Bilder oder Informationskästen platziert. Er „baut“ die Seiten, heißt das in der Zeitungssprache.

Der **Aufmacher**, der wichtigste Text auf der Seite, erhält die größte Überschrift und steht in der oberen Hälfte. Für etwas weniger wichtige Artikel wählt er kleinere Überschriften aus. Somit kann der Leser die Bedeutung der Texte besser einordnen. Gelungene **Fotos** sind sehr wichtig, denn ohne Bilder wäre die Zeitung langweilig. Die meisten Leser schauen zuerst auf die Fotos, dann auf die Bildunterschrift und erst danach auf die Überschrift eines Artikels.

Das **Bauen einer Seite** ist ein Puzzlespiel. Der Redakteur kürzt die Texte, verkleinert oder vergrößert die Fotos und verschiebt alles so lange, bis es passt. Ist die Seite fertig, bleibt sie nicht immer so bestehen. Falls ein wichtiges Ereignis passiert, muss sie wieder umgestaltet werden.

Die Fotos müssen gut verteilt sein. Günstig ist es, sie diagonal oder in einem Dreieck anzuordnen.

Die Fotos sollen unterschiedlich groß sein. Das Aufmacherfoto ist erheblich größer als die anderen Bilder.

Zwei Überschriften oder zwei Bilder sollten nicht aneinanderstoßen. Das verwirrt.

Wichtige Texte kommen auf die rechte Seite, weil sie dort dem Leser besser auffallen.

Name: Datum: **AB 12**

Papierschlange – die Zeitung wird gedruckt

Lies den Text. Unterstreiche unbekannte Wörter und schlage sie nach.
Erkläre mit eigenen Worten, wie der Rollenoffsetdruck funktioniert.

Papierrollen – davon eine so schwer wie zwölf Waschmaschinen – lagern im Druckhaus. In einer Nacht bedruckt eine mittelgroße Zeitung 20 dieser Rollen. Das entspricht täglich etwa einer Strecke von Bremen bis Berlin (rund 400 Kilometer). Nur dank moderner Technik können so viele Zeitungen entstehen.

Die Daten der fertigen Zeitungsseiten schickt der Redakteur über das Internet ins Druckhaus. Dort spuckt eine Maschine Seite für Seite hauchdünne **Druckplatten** aus. Sie sind etwa so leicht wie ein Blatt Papier. Anders als bei einem Stempel liegen die zu druckenden Buchstaben nicht erhöht.

Zeitungen werden meistens durch den **Rollenoffsetdruck** hergestellt. Der Trick daran ist, dass sich Fett und Wasser abstoßen. Das Verfahren funktioniert so: Die zu druckenden Stellen sind auf der Druckplatte so behandelt, dass sie die fetthaltige Farbe annehmen. Die freien Flächen wie der Platz zwischen den Zeilen ziehen das Wasser an. Diese bleiben somit frei, weil sich Fett und Wasser nicht vermischen.

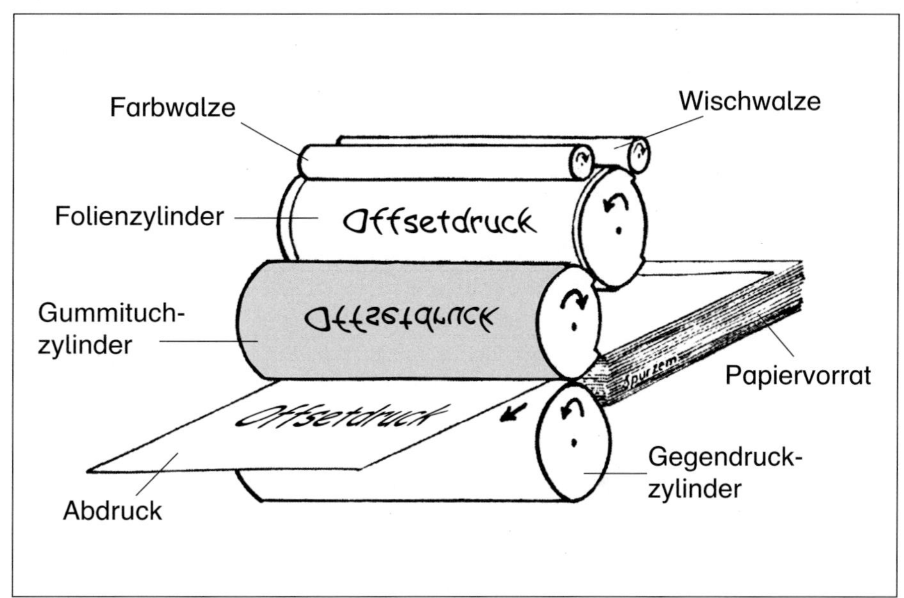

Diese bearbeiteten Druckplatten werden in die Maschine eingespannt und mit Wasser und Farbe überzogen. Damit Texte und Bilder nicht spiegelverkehrt erscheinen, läuft die Platte über einen **Gummizylinder**. Darauf wird die Farbe abgesetzt und dann wie mit einem großen Stempel auf Papier gedruckt.

So rauscht die Papierschlange mit 30 bis 40 Kilometern pro Stunde durch die Maschine, die mehrere Stockwerke hoch ist. Sie schneidet das Papier und faltet es zu Zeitungen zusammen, welche die Förderbänder in die Versandhalle transportieren. Eine **Sortiermaschine** fügt Prospekte und Beilagen hinzu, bevor die Zeitungen verladen werden. Draußen wartet der LKW, der die Zeitungen zu den Boten bringt.

Online-Redaktion

Lies den Text. Kreuze an, was ein Redakteur in einer Online-Redaktion tun muss.

Heutzutage hat so gut wie jede Zeitung auch ein eigenes Online-Angebot. Das heißt, dass Nachrichten und Artikel auch im Internet zu finden sind. Diese werden oft Tag und Nacht geschrieben. Wenn also etwas passiert, erfahren es die Leser auf den Online-Seiten der Zeitungen meist schneller als in der Print-Ausgabe, die am Abend gedruckt und erst am nächsten Morgen ausgeliefert wird.

Der Tagesablauf in einer Online-Redaktion ist noch viel stärker geprägt vom aktuellen Geschehen als bei der Printzeitung. Alles, was in der Welt passiert, muss so schnell wie möglich auf die Internetseite gestellt werden und – wenn neue Informationen dazukommen – aktualisiert werden. Anders als in der Printredaktion haben die Online-Redakteure selten Zeit, den ganzen Tag über zu recherchieren und Informationen zu sammeln und erst am Ende des Tages einen Artikel fertigzustellen.

Viele Dinge sind aber auch gleich: In Konferenzen werden Themen besprochen und festgelegt und auch der Online-Redakteur muss sorgfältig arbeiten. Auch die Recherche verläuft ähnlich: übers Internet, Befragung von Experten, Informationen von Nachrichtenagenturen. Allerdings ist der Online-Redakteur weniger unterwegs, um zu recherchieren. Er sitzt meistens am Schreibtisch.

Außerdem behandelt er nicht nur tagesaktuelle Themen. Zu wichtigen Ereignissen wie Wahlen oder Jahrestage werden Artikel auch von langer Hand geplant. Oft findet man diese Artikel sowohl in der Printzeitung als auch im Online-Angebot.

Tag und Nacht arbeiten	
nicht sorgfältig recherchieren	
aktuelle Nachrichten schnell auf die Internetseite stellen	
den ganzen Tag nur Kaffee trinken	
Nachrichten nie aktualisieren	
Experten befragen	
gute Artikel schreiben	

4. Textsorten

Reporter im Klassenzimmer

In diesem Kapitel üben die Kinder das Handwerk des Journalisten – das Schreiben. Dazu lernen sie einige Darstellungsformen kennen. Alle vorgestellten Textsorten sind kindgerecht aufbereitet: Einen Kommentar schreiben die Kinder zu einem Buch und eine Reportage als Erlebnisbericht über einen Ausflug. Wichtig ist, dass sie klare Gedanken fassen und diese in einer klaren Sprache äußern. Als kritische Zeitungsleser sollten sie außerdem meinungsbetonte Stilformen (Kommentar, Rezension) von tatsachenbetonten (Meldung, Bericht, Reportage) unterscheiden. Am Ende der Einheit wird das Thema „Zeitung und Wahrheit" thematisiert.

AB 14: Die Meldung – in der Kürze liegt die Würze (Seite 37)

Jeder Praktikant in einer Zeitungsredaktion lernt zuerst das Meldungsschreiben. Doch das ist gar nicht so einfach. Aus oft unstrukturierten, langen Texten muss der Kern der Nachricht herausgeschält und auf den Punkt gebracht werden.
Mithilfe dieses Arbeitsblattes sollen die Kinder das Prinzip der Meldung erkennen: Die Meldung beantwortet knapp die wichtigsten Fragen, die W's: Wer? Was? Wann? Wo? Wie? Warum? Oberstes Prinzip: Das Wichtigste steht am Anfang. Der Aufbau einer Meldung ist durch die umgekehrte Pyramide erkennbar. Wichtig ist auch die Erwähnung der Quelle, d. h. woher die Informationen stammen. Dies soll im Folgenden aber nicht weiter thematisiert werden, um die Kinder nicht zu überfordern.
In der Fantasiemeldung vom entflohenen Känguru sehen die Kinder, wie die W-Fragen eingeflochten wurden. Zur Übung sollen sie selbst Meldungen schreiben (Ankündigungen). Teilen Sie zur Vorbereitung Meldungen aus, die auf Veranstaltungen hinweisen. Bei Meldung 1 (Grundschule Lunefeld) müssen die Kinder nicht sämtliche Programmpunkte aufzählen. Ziel ist, das Wesentliche zu erkennen und die Meldung sinnvoll zu strukturieren.
Zum Hintergrund: Mit dem Begriff Meldung ist die Kurzform der Nachricht gemeint. Aus einer Flut von Nachrichten, die täglich die Redaktionen erreichen, muss der Redakteur auswählen. Letztlich erreicht davon nur ein Bruchteil die Öffentlichkeit. Bei einer Meldung steht der erste Satz im Perfekt oder im Präsens. Alle nachfolgenden Sätze stehen in der Regel im Imperfekt. Das Plusquamperfekt erlaubt den Sprung in die Vorvergangenheit, um die Hintergründe eines Ereignisses zu erläutern. Sobald die Vorgeschichte dargestellt wurde, greift der Journalist wieder auf das Imperfekt zurück. Bei dieser Übung (Ankündigungen von Veranstaltungen) schreiben die Kinder lediglich im Präsens.

Vorschläge:

Meldung 1: Jubiläum der Grundschule Lunefeld: Zu ihrem 100-jährigen Bestehen lädt die Schule am Samstag, 1. September, zu einem Kinderfest ein. Zum Programm zählen ein Theaterstück der Klasse 3a, Zauberkünstler, ein Luftballonwettbewerb und ein Geschicklichkeitsparcours. Beginn ist um 14 Uhr.

Meldung 2: Der Fahrradclub Lunefeld bietet am Donnerstag, 5. Oktober, eine Tour nach Liliendorf an. Nach einem Mittagessen besichtigen die Teilnehmer dort die alte Mühle. Treffpunkt zu der 50 Kilometer langen Strecke ist der Wasserturm in Lunefeld um 10 Uhr. Anmeldungen nimmt Wilma Nettelbeck entgegen unter ☎ 28350.

AB 15: Wer? Was? Warum? (Seite 38)

Die Kinder suchen Antworten auf einige der W-Fragen und unterstreichen diese in jeweils einer anderen Farbe. Zum besseren Verständnis ist es ratsam, eine Meldung an die Wand zu projizieren und die Aufgabe gemeinsam zu lösen. Die weiteren Meldungen sollte jedes Kind allein bearbeiten. Dabei lernen sie nochmals den Aufbau: Das Wichtigste steht am Anfang, und der Leser erfährt meistens im ersten Satz, worum es geht. Nebenbei lernen die Kinder, Informationen aus Texten zu entnehmen. Da es für Grundschüler schwierig ist, die Ursache (warum) von den Umständen (wie) zu unterscheiden, sind diese beiden W-Fragen zum Hintergrund zusammengefasst worden.
Als Differenzierung können die Kinder weitere Meldungen aus der Tageszeitung oder ihrem Zeitungsordner suchen und entsprechend unterstreichen. Bei den ausgewählten „bunten" Meldungen wird die „Wann-Frage" nicht beantwor-

tet, da sie für diese „bunten" Nachrichten verzichtbar ist.

Lösungen:

Mückenfund im Bernstein-Fossil
Was? Amerikanische Forscherin hat eine bis zu 18 Millionen Jahre alte Mücke in einem Bernstein-Fossil entdeckt.
Wer? Eine amerikanische Forscherin.
Wo? In einer Höhle auf Haiti.
Wie? Nicht näher erläutert, weil nicht relevant für die Nachricht

Mit Stehlampe Einbrecher überwältigt
Was? Rentner aus Paris hat einen Einbrecher mit einer Stehlampe zur Strecke gebracht.
Wer? Olivier Bernard.
Wo? Paris.
Wie/Warum? Rentner war in seinem Sessel von Geräuschen geweckt worden, griff nach der Stehlampe neben dem Sessel und brachte damit einen Dieb zu Fall.

Hochzeit mit 99
Was? Ein 99 Jahre alter Mann heiratet eine 99 Jahre alte Frau.
Wer? 99-jähriger Mann, 99-jährige Frau.
Wo? Sydney (s. Ortsmarke).
Wie? Brautpaar hat sich im Park kennengelernt. Die Flitterwochen wollen sie auf Hawaii verbringen.

Überraschung im Tierheim
Was ist passiert? Hunde laufen im Tierheim frei umher.
Wer ist beteiligt? Hund Bob.
Wo ist es geschehen? Berlin (s. Ortsmarke).
Wie/Warum ist es passiert? Bob öffnete Türen der Hundezwinger. Die Hunde vernaschten die Vorräte in der Küche.

Lehrer wollen Hermine als Schülerin
Was? Hermine aus „Harry Potter" ist für dänische Lehrer die ideale Schülerin.
Wer? Hermine aus „Harry Potter".
Wo? Dänemark.
Wie/Warum? Sie ist klug, mutig und steht zu ihrer Meinung und zu ihren Freunden.

AB 16: Bilder „erzählen" (Seite 39)

Bilder transportieren Informationen. Die in der Fachsprache so genannten Solobilder sind Fotos, die sich im Prinzip selbst erklären und unter denen ein paar erläuternde Zeilen stehen. Diese Bilder bieten Schreibanlässe für die Kinder, die selbst einen kurzen Text zu den Fotos verfassen sollen. Zunächst schauen sich die Kinder die Solobilder in ihrer Zeitung an und nennen, was ihnen auffällt. Legen Sie anschließend größer kopierte Illustrationen des Arbeitsblattes einzeln aus. Die Kinder dürfen sich ein Bild auswählen, das sie beschreiben möchten. Auch eine Überschrift sollten sie formulieren.
Die Kinder sollen mit dieser Übung erkennen, dass auch Bilder informieren. Selbstverständlich können sie ohne Hintergrundinformationen keine Details wissen. Als Differenzierung können Sie Stichpunkte zu den Bildern auslegen:

Rettungsaktion: entlaufene Katze, Baum, Leiter, vorsichtig, mutig

Krankenhaus: Unfall, gebrochener Arm, Krankenhaus, Krankenbesuch, Hausaufgaben

Wettrennen: Schülerlauf/Schülerrennen, Fotofinish, spannend, knapp, Aufholjagd

Lösungsvorschläge:

Kind rettet entlaufene Katze
Ein verloren geglaubtes Kätzchen ist wieder aufgetaucht. Der 10-jährige Elias entdeckt es verängstigt in einem Baum. Mit der Leiter seines Großvaters steigt er auf den Baum und lockt die Katze vorsichtig an. So schafft er es, die Katze sicher nach unten zu bringen.

Besuch im Krankenhaus:
Nach einem Unfall liegt die 10-jährige Felicitas noch mit einem gebrochenen Arm im Krankenhaus. Ihre beiden Klassenkameraden versichern sich, dass es ihr wieder besser geht, und bringen ihr Blumen und die Hausaufgaben vorbei.

Fotofinish beim Schülerlauf:
Ein spannendes Schülerrennen muss im Fotofinish entschieden werden. Lange Zeit sah es nach einem sicheren Sieg des Favoriten aus, aber der Konkurrent kommt Schritt für Schritt näher. Leider wird die Aufholjagd nicht ganz belohnt und der Favorit setzt sich knapp durch.

AB 17: Der Bericht – großer Bruder der Nachricht (Seite 40)

Der Bericht liefert dem Leser den Hintergrund und die Zusammenhänge, die in der Meldung fehlen. Der Journalist und Autor Walther von La Roche bezeichnete ihn als „Zwillingsbruder der Nachricht, aber größer geraten und auch schon ein wenig reifer." Der in der Regel 50 bis 120 Zeilen lange Text ist sachlich und tatsachenbetont. Wird der Bericht im Unterricht behandelt, ist die vorherige Auseinandersetzung mit der Darstellungsform der Meldung (AB 14/15) zwingend erforderlich.

Die Kinder erarbeiten sich den Inhalt des Textes, indem sie die Fragen beantworten. Sie sollen außerdem Zitate finden, weil diese ein typisches Element aller Zeitungsartikel sind. Anschließend erarbeiten sie im Unterrichtsgespräch einen Leitfaden für das Schreiben eines Zeitungsberichtes: das Wichtigste zuerst, W-Fragen beantworten, sachlich bleiben, wörtliche Rede einsetzen, Personen mit Vor- und Nachnamen sowie Funktion benennen. Diese Übungen werden es den Kindern erleichtern, den Aufbau eines Berichtes zu verstehen und mithilfe des AB 18 selbst einen Bericht zu schreiben.

Zum Hintergrund: Wie bei einer Nachricht ist der Aufbau hierarchisch, allerdings bezieht er sich beim Bericht auf die Absätze und nicht auf einzelne Sätze. Im ersten Absatz sollten die W-Fragen beantwortet werden. In den folgenden Absätzen erfährt der Leser weitere Details. Durch das Prinzip der abnehmenden Wichtigkeit hat es der Redakteur leichter, den Bericht passend für die Zeitungsseite von hinten zu kürzen. Der Bericht zählt zu den häufigsten Darstellungsformen in der Zeitung.

Lösungen:

Was ist passiert? Ein Hund hat drei Bergsteiger gerettet, die in eine Felsspalte gefallen waren.
Wo ist es passiert? In den Schweizer Alpen, auf dem Weg zum Matterhorn.
Wer wurde gerettet? Die drei Bergsteiger Toni Keller, Robert Herz und Urs Spitzner aus der Schweiz.
Wie wurden sie gerettet? Ein Hund der Bergwacht fand die drei Männer und schlug Alarm. Das Rettungsteam hat die Gruppe aus der Felsspalte befreit und ins Krankenhaus gebracht.

AB 18: Aufregung in der Siedlung Sonnental (Seite 41)

Aus dem Recherche-Interview entnehmen die Kinder Informationen und schreiben einen Bericht über die entflohene Kuhherde. Zunächst versuchen sie in einem Satz zu sagen, was passiert ist: Ausgebrochene Kühe verwüsten Siedlung. Haben die Kinder dabei Schwierigkeiten, hilft ein alter Trick. Sie sollen sich vorstellen, was sie ihren Eltern als Erstes über das Interview erzählen würden. „Stellt euch vor, was ich heute gelesen habe: ..."

Dieser Trick ist der sogenannte Küchenzuruf, den der Stern-Gründer Henri Nannen prägte. Nach einem inzwischen veralteten Rollenverständnis skizzierte er damit folgende Situation: Abends nach Feierabend ruft der Mann seiner Frau in der Küche zu: „Stell dir vor: ..." Nach dem Doppelpunkt folgt der Kern der Nachricht. Diese Situation lässt sich auch spielerisch umsetzen: Die Hälfte der Klasse bekommt Wäscheklammern angeheftet. Diese Kinder haben von der Neuigkeit noch nichts gehört. Alle Kinder gehen in der Klasse umher. Auf ein Signal finden sich jeweils Paare zusammen – mit und ohne Wäscheklammer. Das Kind ohne Klammer erzählt dem anderen von der Nachricht: „Weißt du, was ich gehört habe: ..."

Im weiteren Unterrichtsgespräch sollten die Kinder die W-Fragen beantworten: Wer hat etwas getan?/Was ist geschehen? Kühe haben Gärten einer Siedlung zertrampelt. Wo ist es passiert? In der Lunefelder Siedlung Sonnental. Wann ist es passiert? Heute, also gestern, wenn ein Journalist für die morgige Ausgabe schreibt. Warum ist es passiert? Weil der Weidenzaun ein Loch hatte. Wie ist es passiert? An dieser Stelle erläutert der Journalist den Vorgang etwas genauer: Kühe entdeckten das Schlupfloch und rannten zur Siedlung. Sie sprangen über Hecken und Zäune, knabberten Blumen an, zertrümmerten Keramikschalen etc.

Die Kinder sollten auch ihre Meinung äußern, welche Aussagen sie von Waldemar Rosenstein besonders interessant finden und zitieren möchten. Die Zitate sollten aber nicht mehr als zwei Sätze lang sein. Der herausgeschälte Kern (Was ist passiert?) ist das Fundament, auf dem die Schüler ihren Bericht aufbauen – in Einzelarbeit. Für sämtliche Texte, die die Kinder schreiben, gilt die Regel: Sorgfalt geht vor Schnelligkeit. Fakten, Zahlen, der Name und die Funktion der zitierten Person müssen stimmen.

Die Kinder überarbeiten ihre Texte im Sinne einer Schreibkonferenz. Sie beraten sich gegenseitig; achten auf Inhalt, Ausdruck und später auf Rechtschreibfehler. Hat der Bericht einen roten Faden? Kann der Leser alles verstehen? Sind die Sätze

klar und abwechslungsreich? Diese Fragen sollten die Kinder beantworten. Die überarbeiteten Geschichten tippen sie ab und überlegen sich eine Überschrift. Das Formulieren einer Überschrift ist eine schwierige journalistische Aufgabe – selbst gestandene Redakteure grübeln oft lange über eine treffende Schlagzeile. Kurz soll sie sein, verständlich und zum Lesen anregen. Vor allem aber muss sie den Kern der Nachricht treffen.
Überschriften sind in folgenden Formen möglich: Präsens (Trainer spricht Machtwort), Perfekt (Der Wahlkampf hat begonnen), Partizip (Hohe Strafe gefordert), kein Verb (Ein Mann der leisen Töne). Das Imperfekt hingegen hat in der Schlagzeile nichts zu suchen, wird aber von einigen Zeitungen zugelassen. Die Unterzeile erläutert die Aussage der Überschrift oder ergänzt sie.
Entscheidend bei dieser Übung ist, dass die Kinder die zentrale Botschaft des Textes erkennen und in der Überschrift und Unterzeile ausdrücken. Die Berichte können sie in der Klasse ausstellen und später in ihren Zeitungsordner heften. So könnte der Bericht aussehen:

Kuh im Goldfischteich

Ausgebrochene Herde verwüstet Gärten in der Siedlung Sonnental

■ **Lunefeld (ben). Eine ausgebrochene Kuh-Herde richtete gestern in der Siedlung Sonnental ein Chaos an: Die 30 Tiere zertrampelten Rasen und Beete, beschädigten einen Zaun, zertrümmerten Keramikschalen und Gartenzwerge.**
Die tierischen Ausreißer hatten ein Schlupfloch im Zaun ihrer Weide entdeckt und rannten zur benachbarten Siedlung. Dort hat sie der Anwohner Waldemar Rosenstein als Erster entdeckt. „Ich war gerade in meinem Gartenhäuschen und dachte, da kommt Besuch. Als ich aus dem Fenster schaute, standen sieben Kühe in meinem Garten“, erzählt Waldemar Rosenstein. Später bemerkte er, dass noch weitere Kühe in der Siedlung waren. Sie sprangen über Hecken und Zäune, knabberten Blumen an. „Eine Kuh stand doch glatt bei meinem Nachbarn im Goldfischteich“, beschreibt er die Situation.
Waldemar Rosenstein und einige Nachbarn trieben die Herde auf einer freien Fläche zwischen den Häusern zusammen. Ein Anwohner alarmierte die Polizei. Andere hatten Landwirte gesucht, die mithalfen, die Tiere auf die Weide zu bringen. „Die meisten von uns haben die Sache mit Humor genommen. Andere waren traurig, weil ihr frisch gepflanztes Gemüse zertreten ist“, sagt Waldemar Rosenstein. Mittlerweile wurde der Besitzer der Kühe ermittelt, der für den Schaden aufkommen muss.

AB 19: Das Interview: Fragen und Antworten (Seite 42)

Die Kinder sollen das Interview als eine weitere Form kennenlernen, sich Informationen zu beschaffen. Die W-Fragen sind ein einfaches Mittel, um die Gesprächspartner zum Reden zu bringen. Diese sogenannten offenen Fragen lassen sich nicht mit einem knappen „ja“ oder „nein“ beantworten. Durch die Art der Fragestellung ist der Interviewpartner gezwungen, ausführlicher zu antworten. Geschlossene Fragen (Schmeckt dir das Essen? Hast du gestern den Krimi gesehen?) schränken die Antwort ein und eignen sich, um das Interview stärker zu lenken.
Das Arbeitsblatt soll den Kindern helfen, ihr eigenes Interview zu führen. Und das fängt bei der Vorbereitung an. Um Ängste zu vermeiden, ist es sinnvoll, dass sich die Kinder einen Interviewpartner wählen, zu dem sie Vertrauen haben: Lehrer, Eltern, Geschwister oder Freunde. Die wichtigsten Fragen sollten sie sich vorher überlegen; weitere Fragen ergeben sich während des Interviews. Möglicherweise ist auch eine vorherige Recherche nötig. Vielleicht hat ein Kind ein außergewöhnliches Hobby, über das sich der Interviewer zunächst im Internet oder durch eine Broschüre informieren kann.
Um die Kinder nicht zu überfordern, reichen etwa drei Fragen aus, denn das Interview sollte nicht zu lang werden. Die Kinder sollten die Befragung möglichst aufzeichnen und dann am Computer abtippen.
Danach werden die Interviews druckreif überarbeitet, das heißt: Wiederholungen streichen, „ehs“ und „ähms“ entfernen und grammatikalische Fehler berichtigen. Auch am Ausdruck dürfen die Kinder feilen, wenn sie es für notwendig halten. Weil vier Augen mehr sehen als zwei, sollte ein anderer Schüler das Interview lesen. Fehlen wichtige Informationen oder ist ein Sachverhalt unklar, muss der Interviewer nach Absprache mit der Lehrkraft bei seinem Gesprächspartner nachhaken. Wie ein professioneller Journalist auch dür-

fen die Kinder die Reihenfolge der Fragen ändern. Die überarbeiteten Interviews können dann an einer Pinnwand ausgestellt werden.

Zum Hintergrund: Das Interview zählt zum täglichen Brot des Journalisten. Meist handelt es sich dabei um das sogenannte Recherche-Interview. Der Journalist befragt einen Experten zu einem bestimmten Thema und flechtet die gesammelten Informationen in seinen Artikel ein. Die Aussagen des Interviewpartners macht er mittels wörtlicher Rede oder Konjunktiv kenntlich.

Beim Wortlaut-Interview zeichnet der Journalist das Gespräch auf, das mit Fragen und Antworten in der Zeitung erscheint. Dieses Interview entspricht nicht hundertprozentig dem Original, denn der Journalist darf es bearbeiten: Den Ausdruck darf er verbessern, weil kaum jemand aus dem Stegreif flüssig reden kann. Er darf kürzen und die Chronologie des Gespräches ändern, um das Interview dramaturgisch zu gliedern. Wiederholungen sollte er streichen. Selbst seine eigenen Fragen und die Antworten seines Interview-Partners darf er im Nachhinein ein bisschen prägnanter formulieren, wenn es ihm nötig erscheint. Häufig wird der Befragte gebeten, das Interview zu autorisieren. Dann darf er in die redigierte Fassung eingreifen und Sätze, die er gesagt hat, wieder streichen. Das kann zu einem Problem werden, denn häufig nehmen die Befragten Aussagen zurück, sodass das Interview an Kraft verliert.

Lösungsvorschläge:
- Wie geht es dir und dem geretteten Kind?
- Wann hat sich das Unglück ereignet?
- Wie hast du davon bemerkt?
- Wie hast du das Kind gerettet?
- Warum ist das Kind ins Wasser gefallen?
- Hast du Angst gehabt? Weiterführend: Wovor genau? Warum ja, warum nein?
- Was haben deine Klassenkameraden zu deiner Hilfe gesagt?

AB 20: Voll daneben – ein misslungenes Interview (Seite 43)

Das zweite Arbeitsblatt zum Thema zeigt den Kindern, wie sinnvoll die richtige Fragetechnik ist. Schüler Leo hat den Fehler gemacht, ausschließlich geschlossene Fragen zu stellen. In einem weiteren Fall formuliert er gar keine Frage, sondern macht nur eine Äußerung. Das kann funktionieren, muss aber nicht. Trotzdem hätte Leo das Interview noch retten können, indem er mithilfe der W-Fragen nachgehakt und so dem wortkargen Imker aufschlussreiche Antworten entlockt hätte.

Beispiel: **Leo:** „Werden Bienen alt?". **Imker:** „Nein". **Leo:** „Wie alt werden Bienen denn?" **Imker:** „40 Tage oder mehrere Monate." **Leo:** „Wie kommt es, dass manche Bienen viel älter werden als andere?" **Imker:** „..." Muss ein Journalist immer wieder hartnäckig bohren wie im dargestellten Beispiel, darf er die Antworten später unter eine Frage zusammenfassen.

Beide Arbeitsblätter bereiten die Kinder auch auf das Thema Reportage vor. Um einen Erlebnisbericht schreiben zu können, reichen Beobachtungen allein nicht aus. Der Schreiber muss ihn mit Fakten anreichern und dazu muss er Fragen stellen können.

Lösungen:
Frage 1: Wie viele Bienen leben in einem Volk?
Frage 2: Wie machen die Bienen den Honig?
Frage 3: Warum tanzen Bienen? / Wie tanzen Bienen?
Frage 4: Wie alt werden Bienen?

AB 21: Die Reportage – ein Erlebnisbericht (Seite 44)

„Nicht nur die Dichter erzählen, auch die Journalisten", schreibt Sprachkritiker und Journalist Wolf Schneider über die Reportage. Diese Darstellungsform können Kinder in einer kindgerechten Art und Weise durchaus bewältigen. Die klassische Reportage ist ein Erlebnisbericht. Der Journalist beschreibt so anschaulich wie möglich und lässt den Leser an seinen Erlebnissen teilhaben. Er fängt die Atmosphäre ein, wechselt zwischen Handlung und Fakten, erzählt aus unterschiedlichen Perspektiven und stellt Menschen in den Mittelpunkt.

Um überhaupt eine Reportage schreiben zu können, sind Beobachtungen das A und O. Und genau dies sollen die Kinder lernen – ihre Beobachtungen in Sprache zu fassen. Hier geht es nicht um eine perfekte Reportage, die mit verschiedenen Stilmitteln arbeitet. Hier geht es um einen reportageähnlichen Text, der Bilder in den Köpfen der Leser erzeugen soll. Die Kinder schreiben quasi einen Erlebnisaufsatz, den sie mit Hintergrundinformationen anreichern.

Doch zunächst müssen die Kinder für das genaue Beobachten sensibilisiert werden. Hier ein paar Vorschläge zur Übung: Die Kinder suchen sich einen Partner aus und beschreiben ihn so gründlich, dass ein Fremder das gemeinte Kind erkennen könnte. Hilfreich ist, wenn die Klasse zuvor Adjektive auflistet, die für eine Beschreibung nützlich sein könnten. Sind die Haare glatt oder lockig? Ist das Gesicht rund oder länglich? Wie sehen Nase, Körper und Kleidung aus? Gibt es besondere Kennzeichen?

In einem weiteren Schritt beobachten die Kinder eine Person bei einer Handlung. Stellen Sie dazu eine Situation pantomimisch dar. Warten Sie zum Beispiel auf einen Gast, der sich verspätet: Sie schauen häufig auf die Uhr, trommeln mit den Fingern auf den Tisch, laufen auf und ab, blicken aus dem Fenster, zupfen die Haare vor dem Spiegel zurecht oder rutschen auf Ihrem Stuhl hin und her. Die Kinder dürfen sich Notizen machen und gemeinsam Verben für ihre Beobachtungen sammeln. Anschließend beschreibt jedes Kind allein die beobachtete Szene. Zum Üben von Beschreibungen bieten sich weitere Aufgaben zu Hause an: einem Kind zehn Minuten beim Spielen zuschauen, die Eltern beim Zubereiten des Essens oder den Hund beim Spaziergang beobachten (vgl. Frage 3).

Überlegen Sie sich vor dem Schreiben, welches Thema sich überhaupt für eine Reportage und für Ihre Klasse eignet. Sie sollten nach der erlebnisstarken Seite eines Themas suchen. Die Kinder müssen viel entdecken können und motiviert sein. Nach einer Vorauswahl sollte die Klasse gemeinsam entscheiden, wo sie ihren Außentermin machen möchte. Möglich sind zum Beispiel ein Besuch im Zoo, ein Rundgang durch eine Fabrik, ein Vormittag beim Förster oder ein Übungstag bei einer Rettungshundestaffel. Bei allen Themen ist es wichtig, dass sich die Kinder gut vorbereiten.

Bleiben wir beim Beispiel Zoo: Das Internet oder eine Broschüre bieten den Kindern erste Informationen, sodass sie sich Fragen überlegen können. Der Schwerpunkt des Erlebnisberichtes muss vorher festgelegt werden, weil das Thema „Ein Tag im Zoo“ viel zu allgemein ist. Der Ausflug in den Zoo ist erst dann sinnvoll, sobald die Kinder einen Ansprechpartner haben, den sie bei einer Tätigkeit beobachten dürfen. Dies sollten Sie klären und einen Termin ausmachen. Aufgabe der Kinder ist es, Fragen zu sammeln, die sie zum Beispiel einem Tierpfleger stellen möchten. Vorschläge: Wie sieht sein Tagesablauf aus? Was mag der Pfleger besonders gern an seinem Beruf? Was fressen seine Zootiere? Wo leben sie in freier Natur? Haben die Tiere Namen und besondere Charaktereigenschaften? Wenn ja, welche?

Möglichkeiten, den Pfleger zu beobachten, gibt es reichlich: Wie bereitet er das Futter vor? Wie reinigt er das Gehege? Trägt er eine Arbeitskleidung? Wie geht er mit den Tieren um? Wie verhalten sich die Tiere untereinander und dem Pfleger gegenüber? Jedes Kind sollte die Möglichkeit haben, eine Frage zu stellen. Für Kinder ist es allerdings schwierig, sich Notizen zu machen: Sie müssen genau zuhören, das Wichtigste erkennen und schnell mitschreiben sowie neue Fragen formulieren, die sich aus dem Zusammenhang ergeben könnten. Zur Sicherheit ist es ratsam, dass Sie sich ebenfalls Stichpunkte notieren und die Kinder sich beim Schreiben abwechseln.

Nach dem Ausflug folgt die Auswertungsphase. Zunächst beschreiben die Kinder im Sitzkreis ihre Eindrücke. Anschließend müssen sie entscheiden, welche Notizen interessant und wichtig für ihre Reportagen sind. Das ist auch die Aufgabe eines Journalisten: Er kann niemals alle gesammelten Informationen verwenden, sondern muss auswählen. Schließlich soll kein Protokoll entstehen, sondern ein authentischer, spannender Lesestoff.

Die Nachricht beginnt mit dem Wichtigsten – die Reportage mit dem Außergewöhnlichen. Mögliche Anfänge: eine Szene, die den Leser mitten ins Geschehen stößt, ein knackiges Zitat oder ein Detail wie zum Beispiel das individuelle Punktmuster auf der Brust der Humboldtpinguine, das so einzigartig ist wie der menschliche Fingerabdruck.

Der Lerneffekt ist in der Regel am größten, wenn die Kinder ihre Texte in Einzel- oder Partnerarbeit schreiben. Falls die örtliche Zeitung Kindertexte veröffentlicht, ist es besser, die Kinder in Gruppen arbeiten zu lassen. Somit ist die Wahrscheinlichkeit höher, dass mehrere Kinder ihren Namen in der Zeitung wiederfinden – eine zusätzliche Motivation. In Redaktionen ist es üblich, dass Artikel von Kollegen gegengelesen werden. Auch das sollen die Kinder im Sinne einer Schreibkonferenz üben.

Lösungen:

1. Rosannas Einstieg beschreibt quasi den Anfang vor dem Anfang. Die geschilderte Fahrt zum Zoo ist überflüssig, denn im Text sollen die Pflegerin und die Tiere im Mittelpunkt stehen. Außerdem benutzt sie oft die schwachen Modalverben, und ihre Satzanfänge sind eintönig.
   Linnéa hat einen szenischen Anfang gewählt, der den Leser mitten ins Geschehen stößt. Sie benutzt starke Verben (springen, zischen, robben), schildert ihre sinnlichen Eindrücke und erzeugt dadurch Bilder beim Leser. Ihre Sätze sind abwechslungsreich, ihr Wortschatz ist ausgeprägt.
2. Rosanna: sehen; Linnéa: sehen, riechen, hören

AB 22: Kommentar und Kritik – deine Meinung ist gefragt (Seite 45)

Ein Journalist hat nicht nur die Aufgabe zu informieren, sondern auch zu kommentieren. Zu den meinungsbetonten Darstellungsformen zählen: Kommentar, Kritik bzw. Rezension, Glosse, Kolumne, Leitartikel und die Lokalspitze. Meinungsbekundungen finden sich auch in der Sportberichterstattung, in Karikaturen und in den Leserbriefen.

Ein Kommentator macht Zusammenhänge deutlich und begründet seine Position. Dieser Meinung kann der Leser folgen oder es lassen. Gute Kommentare sind an ihrer klaren Linie und ihrer starken Argumentation erkennbar. Leider verzetteln sich viele Journalisten, sodass der Leser oft nur über die Meinung des Kommentators rätseln kann.

Die Kinder sollen erkennen, dass die Zeitung neben den klassischen Berichten und Meldungen auch Platz für die Ansichten des Journalisten und des Lesers bietet. Dazu sollen sie in der Zeitung nach Kommentaren und Leserbriefen suchen. Kommentare werden fast immer an derselben Stelle gedruckt. Sie sind an ihrer Aufmachung erkennbar: Überschriften wie „Meinung“ oder „Standpunkt“, eine besondere Schrift oder ein anderer Zeilenabstand, verglichen mit dem übrigen Text. Und immer ist der Name des Kommentators abgedruckt.

Das Arbeitsblatt soll den Kindern helfen, ihre eigene Meinung zu vertreten Es kann einführend vor dem Schreiben der Buchkritik eingesetzt werden (Aufgabe 3). Ein schöner Nebeneffekt wäre, wenn sie sich für das ein oder andere vorgestellte Buch begeistern könnten. Ratsam ist, dass die Kinder nicht sofort zum Lieblingsbuch greifen. Vielmehr sollten sie sich Gedanken machen, zu welchem Buch sie am besten ihren Standpunkt vertreten können. Vielleicht lässt sich gerade das Buch, das sie nicht mochten, besonders gut kommentieren?!

Sätze wie „Das Buch gefällt mir“ oder „Das Buch gefällt mir nicht“ reichen nicht aus. Die Schüler müssen ihre Meinung begründen und dazu sollten sie im Unterricht gemeinsam Kriterien zur Bewertung erarbeiten. Hat das Buch einen Spannungsbogen und einen roten Faden? Ist es gut verständlich? Kann ich mich in die Hauptpersonen hineinversetzen? Für welche Altersklasse ist das Buch geeignet? Hilfreich ist es, wenn die Kinder eine Buchkritik über ein Kinderbuch in der Zeitung lesen und untersuchen, wie der Autor argumentiert. Wird seine Meinung deutlich?

Bevor die Kinder die erste Zeile schreiben, müssen sie die Stoßrichtung ihrer Kritik wissen. In der Regel gibt die Rezension zuerst den Inhalt wieder, damit der Leser die nachfolgende kritische Auseinandersetzung versteht. Über mehrere Tage verteilt stellen die Kinder ihre Kritiken der Klasse vor. Es kann sich eine Diskussion ergeben, wenn mehrere Kinder das gleiche Buch gelesen haben. Hilft die Kritik den anderen Kindern, sich für oder gegen das vorgestellte Buch zu entscheiden? Würde sich ein Kind trotz schlechter Kritik das Buch kaufen? Ist der Inhalt kurz und informativ? Ist die Argumentation schlüssig? Solche Fragen sollten im Plenum geklärt werden, damit die Kinder aus ihren Bewertungen lernen können.

Bei der zweiten Aufgabe sollten sich die Gruppen auf ein Thema einigen, über das sie diskutieren möchten. Bevor die Diskussion beginnt, sollten die Kinder genügend Zeit bekommen, um sich über ihre Meinung klar zu werden. Ein Kind übernimmt die Rolle des Moderators. Es achtet darauf, dass Gesprächsregeln eingehalten werden: Andere Kinder dürfen nicht ausgelacht werden, jeder darf ausreden, seine Meinung sagen und auf die Äußerungen der Gesprächsteilnehmer direkt reagieren. Der Moderator greift ein, falls die Kinder durcheinanderreden oder ihre Antworten unzureichend sind. Er lenkt das Gespräch, stellt Fragen in die Runde oder an bestimmte Kinder. Im Klassenverband wird anschließend besprochen, ob die Meinungen zum Thema deutlich geworden sind.

Als Alternative oder Hausaufgabe bietet sich das Schreiben eines Leserbriefes an. Dazu wählen die Kinder einen Artikel aus, z. B. aus ihrem Zeitungsordner, und äußern ihre Meinung zum Thema. Sie müssen daran denken, das Thema knapp zu erläutern, sonst kann der nicht informierte Leser der Argumentation nicht folgen.

AB 23: Kühe, die vom Himmel fallen (Seite 46)
AB 24: Fake News: Information (Seite 47)
AB 25: Fake News: Erkennen und schreiben (Seite 48)

Im Journalismus gibt es Qualitätsunterschiede. Die Kinder sollen dafür sensibilisiert werden, die Medienwelt kritisch zu betrachten. Das soll sie nicht dazu verleiten, jedes Wort auf die Goldwaage zu legen. Wünschenswert ist, wenn sie langfristig die Texte mit gesundem Urteilsvermögen lesen.

Zu Beginn der Stunde berichten die Kinder über Erfahrungen, die sie mit der Zeitung gemacht haben – sowohl positive als auch negative. Ist schon einmal das Foto von einem Sportwettbewerb vertauscht worden, bei dem ein Kind mitgemacht hat? Haben die Schüler Tippfehler in der Zeitung entdeckt? Sind die Namen richtig geschrieben? Die Kinder diskutieren, wie es zu Fehlern in der Zeitung kommen kann. Anschließend besprechen sie das Arbeitsblatt.

Zum Hintergrund: Journalisten haben eine sogenannte Sorgfaltspflicht. Bevor sie Nachrichten verbreiten, müssen sie diese auf Wahrheit, Inhalt und Herkunft prüfen. Berichtet ein Journalist vorsätzlich falsch, kann er wegen übler Nachrede oder verleumderischer Beleidigung bestraft werden.

Unbeabsichtigte Fehler lassen sich trotzdem nicht vermeiden, denn Menschen machen Fehler. Sie lassen sich meist mit dem hohen Zeitdruck begründen, unter dem die Journalisten arbeiten müssen. In der seriösen Presse werden Texte mehrfach von Kollegen gegengelesen. Manche Magazine beschäftigen sogenannte Dokumentare, die aus verschiedenen Fachrichtungen kommen. Diese prüfen den Inhalt auf Faktentreue.

Leider gibt es auch Blätter, die es bewusst mit der Wahrheit nicht so genau nehmen. Hauptsache, die Schlagzeile ist griffig und der Artikel rührt die Herzen der Leser. Verletzen Journalisten zum Beispiel vorsätzlich oder fahrlässig das Persönlichkeitsrecht, kann es zu Schadensersatz oder einem Unterlassungsgebot kommen.

Die ethischen Grundsätze im Journalismus sind im sogenannten Ehrenkodex verankert. Ihre Einhaltung überwacht der Deutsche Presserat, ein freiwilliges Organ der Selbstkontrolle aus Journalisten- und Verlegerverbänden. Jeder Bürger, der die Berichterstattung bemängelt, kann sich an den Deutschen Presserat wenden. Dieser prüft, ob er Rügen, Missbilligungen und Hinweise ausspricht – allesamt haben jedoch keine rechtlichen Folgen.

Sind Fake News die Zeitungsenten 2.0.? Jeden Tag erscheinen weltweit Millionen neuer Nachrichten im Internet. Statt ethischen Grundsätzen geht es hier mittlerweile oft um Klickzahlen, Meinungsmache oder sogar Hetze. 95% der Zeitungsleser halten Zeitungen für eine glaubwürdige Quelle und auch wenn viele das Internet kritisch sehen, gibt es doch auch eine große Anzahl an Menschen, die genauso vertrauensselig Meldungen im Internet begegnen. Umso wichtiger ist es, gemeinsam mit den Kindern das Phänomen Fake News zu erarbeiten und sie entsprechend zu sensibilisieren. Das geschieht unter anderem dadurch, dass sie Fake News erkennen sollen, aber auch selbst welche schreiben. Hier ist der Hinweis wichtig, dass das Verfassen von Fake News nur für diese Übung in Ordnung ist.

Name: Datum: **AB 14**

Die Meldung – in der Kürze liegt die Würze

1. Das Wichtigste zuerst! Was ist passiert?

2. Erläuternde Informationen, Interessantes

3. Weniger wichtige Einzelheiten

Eine **Meldung** ist ein kurzer Text über ein wichtiges, neues oder interessantes Ereignis. Am Anfang steht das Wichtigste, damit der Leser sofort weiß, worum es geht. Danach werden Einzelheiten erläutert.

Eine Meldung beantwortet die **W-Fragen**: Wer? Was? Wann? Wo? Wie? Warum? Meist erwähnt sie auch, woher die neue Information stammt. Zum Beispiel: In der Lunefelder Grundschule ist gestern eingebrochen worden, **teilte die Polizei mit**.

Känguru hüpft durch die Stadt

■ **Lunefeld.** Ein Känguru **(wer)** ist gestern **(wann)** aus dem Lunefelder Zoo **(wo)** ausgebrochen **(was ist passiert?)**. Passanten entdeckten das Tier, als es durch die Fußgängerzone hüpfte. Der Ausreißer führte die Polizei an der Nase herum. Mehrmals entwischte das Känguru den Beamten, die das Tier nach fünfstündiger Jagd schnappten und dem Zoo übergaben **(wie)**. Ein Tierpfleger hatte vergessen, die Pforte des Geheges zu schließen **(warum)**.

HURRA!
Unsere Schule wird 100 Jahre alt.
Das wollen wir feiern und laden zu einem Kinderfest ein.

Wann: Samstag, 1. September, ab 14 Uhr
Wo: Grundschule Lunefeld

Programm:
Theaterstück der Klasse 3a, Zauberkünstler, Luftballonwettbewerb, Geschicklichkeitsparcours, Dosenwerfen und vieles mehr!

Neue Tour des Fahrradclubs Lunefeld am Donnerstag, 5. Oktober, nach Liliendorf

- Strecke: rund 50 Kilometer
- Mittagessen und anschließende Besichtigung der alten Mühle in Liliendorf
- Treffpunkt: Wasserturm Lunefeld, 10 Uhr
- Anmeldungen: Wilma Nettelbeck, Tel.: 28350

1. *Die Redaktion hat Handzettel von einer Grundschule und vom Fahrradclub bekommen. Schreibe daraus Zeitungsmeldungen. Denke an die W-Fragen: Wer? Was? Wann? Wo? Wie? Warum?*

2. *Schreibe lustige Fantasiemeldungen.*

Name: Datum: **AB 15**

Wer? Was? Warum?

Mückenfund in Bernstein-Fossil

■ **New York.** Eine amerikanische Forscherin hat eine bis zu 18 Millionen Jahre alte Mücke in einem Bernstein-Fossil entdeckt. Nun wird versucht, mit einer Blutprobe der Mücke das Erbgut des Insekts zu entschlüsseln. Gefunden wurde das Fossil in einer Höhle auf Haiti. Es ist 3 Zentimeter lang und 2 Zentimeter breit.

Mit Stehlampe Einbrecher überwältigt

■ **Paris.** Olivier Bernard (78), ein Rentner aus Paris, hat einen Einbrecher mit einer Stehlampe zur Strecke gebracht. Der dreifache Großvater war in seinem Sessel eingeschlafen und von Geräuschen geweckt worden. Als er einen schwarz gekleideten Mann entdeckte, griff er zu der Stehlampe neben seinem Sessel und überwältigte damit den Dieb. Die Polizei nahm den 25-Jährigen fest.

Hochzeit mit 99

■ **Sydney.** Ein 99 Jahre alter Mann und eine 99 Jahre alte Frau haben den Bund fürs Leben geschlossen. Sie hätten sich im Park kennen- und lieben gelernt, sagte das Brautpaar. Die Flitterwochen wollen die frisch gebackenen Eheleute auf Hawaii verbringen. Für beide ist es die dritte Hochzeit.

Überraschung im Tierheim

■ **Berlin.** Überraschung am frühen Morgen: Als die Mitarbeiter eines Tierheims zum Dienst kamen, liefen sämtliche Hunde frei herum. Ihren Ausbruch verdankten die Vierbeiner dem Hund „Bob“. Dieser hatte das Schloss seines Zwingers mit Nase und Zähnen geöffnet und seine bellenden „Nachbarn“ befreit. Gefüttert werden mussten die Hunde nicht mehr – sie hatten sich die Vorräte in der Küche schmecken lassen.

Lehrer wollen Hermine als Schülerin

■ **Kopenhagen.** Hermine aus „Harry Potter“ ist für dänische Lehrer die ideale Schülerin. Sie sei klug, mutig, stehe zu ihrer Meinung und zu ihren Freunden, lautet die Begründung der Lehrkräfte aus dem Nachbarland. Das ergab eine Online-Umfrage einer dänischen Fachzeitschrift für Lehrer.

Suche die Antworten auf folgende W-Fragen und unterstreiche sie farbig:

Was ist passiert? = Rot *Wer ist beteiligt? = Blau*

Wo ist es geschehen? = Gelb *Wie/Warum ist es passiert? = Grün*

Name: Datum: **AB 16**

Bilder „erzählen“

Welche Geschichten könnten hinter diesen Bildern stecken?
Suche dir ein Bild aus und schreibe einen kurzen Text dazu. Denke auch an eine Überschrift.

1

2

3

Name: Datum:

AB 17

Der Bericht – großer Bruder der Nachricht

Der Bericht ist eine längere Nachricht. Er erläutert ausführlich den Hintergrund eines Ereignisses. Genau wie bei einer Nachricht steht am Anfang das Wichtigste. Alle W-Fragen werden beantwortet: **Wer? Was? Wann? Wo? Wie? Warum?**

Rettung auf vier Pfoten

Hund findet drei verunglückte Bergsteiger in einer Felsspalte

■ Zermatt. Ein Hund hat drei Bergsteigern das Leben gerettet, die bei einer Wanderung in den Schweizer Alpen in eine Felsspalte gefallen waren.

Laut Medienberichten waren die drei Schweizer auf dem Weg zum Matterhorn. Plötzlich sei der erfahrene Bergsteiger Toni Keller ausgerutscht und einen Hang hinuntergefallen, berichtete der zweite Überlebende Robert Herz. „Wir hörten nur noch seinen Hilfeschrei, dann rutschte er schon hinunter", erzählte der 40-jährige Herz, der zum ersten Mal auf dem Weg zum Matterhorngipfel war.

Herz und der dritte Mann der Gruppe, der 48-jährige Urs Spitzner, stiegen vorsichtig den Hang herab. Sie entdeckten eine Felsspalte, in die der 45-jährige Toni Keller gefallen war. „Der Spalt war nur etwa zwei Meter breit. Wir riefen nach Toni. Als wir seine Stimme hörten, fiel uns ein Stein vom Herzen", sagte Robert Herz.

Bei dem Versuch, den Wanderkameraden mit einem Seil aus der drei Meter tiefen Spalte hochzuziehen, passierte das nächste Unglück: Robert Herz und Urs Spitzner verloren den Halt und fielen ebenfalls in das Loch zwischen den Felsen. Dabei ging das Funkgerät der Bergsteiger zu Bruch. „Uns blieb nichts anderes übrig, als um Hilfe zu rufen und zu warten", sagte Herz.

Nach mehr als sechs Stunden nahte dann die Rettung: Die drei Bergsteiger hörten das Bellen eines Hundes. Der Vierbeiner war durch Zufall auf die Spur der drei Männer gestoßen, als er mit einem Team der Bergwacht unterwegs war. „Plötzlich bellte Hasso wie verrückt", erzählte Bernhardt Mayer von der Bergwacht. „Und dann hörten wir auch die Hilferufe der drei Männer."

Das Rettungsteam befreite die Männer aus der Felsspalte und brachte sie ins Krankenhaus. Bis auf ein paar Schürfwunden kamen die drei Bergsteiger mit einem großen Schrecken davon. „Hasso hat von uns drei dicke Fleischwürste bekommen", berichtete Herz lächelnd.

1. *Beantworte folgende Fragen zum Text.*

a) Was ist passiert? ______________________________

____

b) Wo ist es passiert? ______________________________

c) Wer wurde gerettet? ______________________________

____

d) Wie wurden sie gerettet? ______________________________

____

2. *Suche die wörtliche Rede im Text und unterstreiche sie rot.*

3. *Unterstreiche in Blau die Namen und das Alter der Menschen in dem Artikel.*

Name: Datum: **AB 18**

Aufregung in der Siedlung Sonnental

Waldemar Rosenstein ruft aufgebracht in der Lokalredaktion der Lunefelder Nachrichten an: „Kühe haben die Gärten in unserer Siedlung zertrampelt!" Ein Fall für Redakteur Benno Flink: Er fährt zur Siedlung Sonnental und interviewt Herrn Rosenstein – morgen soll ein Bericht erscheinen.

Benno Flink: *Welchen Schaden haben die Kühe angerichtet?*
Waldemar Rosenstein: Sie haben Rasen zertrampelt, Blumen angeknabbert und einen Zaun durchbrochen. Keramikschalen und Gartenzwerge sind kaputt gegangen.

Benno Flink: *Wo kamen die Kühe her?*
Waldemar Rosenstein: Von einer benachbarten Weide. Sie haben ein Loch im Zaun gefunden und sind dann zu unseren Gärten gelaufen. Ganz schön schlau, diese Viecher! 30 Kühe – das muss man sich mal vorstellen!

Benno Flink: *Wie haben Sie den Vorfall bemerkt?*
Waldemar Rosenstein: Heute Morgen war ich in meinem Gartenhäuschen und dachte, da kommt Besuch. Pustekuchen! Als ich aus dem Fenster schaute, standen sieben Kühe in meinem Garten. Zuerst hab ich es mit der Angst zu tun bekommen, aber dann hab ich alle mit dem Besen verscheucht. In der Siedlung war überall Chaos: Ein paar Tiere sausten durch die Hecken, andere sprangen über Zäune und eine Kuh stand doch glatt bei meinem Nachbarn im Goldfischteich. Seelenruhig hat die ein Fußbad genommen.

Benno Flink: *Was haben Sie dann gemacht?*
Waldemar Rosenstein: Ich habe meine Nachbarn gerufen, und dann haben wir die Herde auf einer freien Fläche zwischen unseren Häusern zusammengetrieben. Einer von uns alarmierte die Polizei. Ein paar andere haben Landwirte herbeigeholt. Die haben uns geholfen, die Kühe auf die Weide zu bringen.

Benno Flink: *Wie haben die Anwohner auf die ungebetenen Gäste reagiert?*
Waldemar Rosenstein: Viele haben es mit Humor genommen. Andere waren traurig, weil ihr frisch gepflanztes Gemüse hinüber ist.

Benno Flink: *Wer kommt für den Schaden auf?*
Waldemar Rosenstein: Wir wissen inzwischen, welchem Bauern die Tiere gehören. Er wird uns die zerstörten Sachen ersetzen.

Lies das Interview und schreibe einen Bericht über die entflohenen Kühe in der Siedlung.

Tipps zum Schreiben eines Berichts
- Du fängst mit dem Wichtigsten an: Was ist passiert?
- Beantworte in den ersten Sätzen, wo und wann das Ereignis geschehen ist
- Erläutere den Hintergrund: Wie und warum ist es passiert?
- Nenne Vor- und Nachnamen und die Funktion der Personen in deinem Bericht, z. B.: Waldemar Rosenstein, Anwohner der Siedlung Sonnental.
- Setze interessante Aussagen in wörtliche Rede.

Name: Datum: **AB 19**

Das Interview – Fragen und Antworten

Der neunjährige Luis hat ein Kleinkind vor dem Ertrinken gerettet. Das interessiert Lokalreporter Benno Flink, der Luis zu diesem Vorfall befragen möchte. Er vereinbart einen Termin mit ihm. Bevor der Reporter den Lebensretter interviewt, schreibt er sich Fragen auf, die er ihm stellen möchte.

Ein **Interview** besteht immer aus Fragen und Antworten. Überwiegend notiert sich der Reporter W-Fragen: Wer? Was? Wann? Wo? Wie? Warum? Fragen, auf die Luis nur mit „ja“ oder „nein“ antworten könnte, vermeidet er. „Hast du das Kind allein gerettet?“ Diese Frage könnte Luis nur bejahen oder verneinen. „Wie hast du das Kind gerettet?“ Auf diese W-Frage wird der Junge viel ausführlicher antworten. Sie ist so formuliert, dass sie eine erläuternde Antwort von ihm verlangt.

Der Reporter hat **zwei Möglichkeiten**, das Interview mit Luis zu veröffentlichen:

a) Er schreibt einen Artikel und baut darin einige Aussagen von Luis in wörtlicher Rede ein.

b) Er tippt seine Fragen und die Antworten von Luis ab. Dabei darf er die Antworten kürzen und die Sätze so umformulieren, dass sie leicht zu lesen sind. Wichtig ist, dass der Inhalt des Gesagten richtig bleibt.

1. *Welche Fragen würdest du Luis stellen? Notiere!*

____

____

____

2. *Führe ein Interview zu einem Thema deiner Wahl. Beispiele: Hobby eines Mitschülers, Berufe der Eltern, Schule früher oder alte Kinderspiele zur Zeit deiner Großeltern.*

Regeln für das Interview

1. Vereinbare einen Termin.
2. Notiere dir vorher Fragen.
3. Stelle möglichst W-Fragen.
4. Hake nach, falls eine Antwort zu knapp ist.
6. Lege deinem Gesprächspartner keine Antworten in den Mund („Sie finden doch auch, dass …“).
7. Unterbrich deinen Gesprächspartner, wenn er vom Thema abschweift.
8. Sage offen, wenn du eine Antwort nicht verstanden hast, und bitte um eine neue Erläuterung.

Name: Datum: AB 20

Voll daneben – ein misslungenes Interview

1. Für die Schülerzeitung interviewt Leo den wortkargen Imker Paulsen. *Was könnte Leo besser machen?*	2. Die Schüler-Redaktion ist mit dem Interview nicht zufrieden. Leo vereinbart einen neuen Termin mit Imker Paulsen. Beim zweiten Versuch klappt alles besser. *Was hat er wohl anders gemacht? Formuliere Fragen zu den Antworten.*
***Frage:** Herr Paulsen, leben eigentlich viele Bienen in einem Volk?* **Antwort:** Ja, sehr viele.	***Frage:*** ______ **Antwort:** In einem Bienenstock, der Behausung der Bienen, leben etwa 50 000 Bienen. Das ist vergleichbar mit der Einwohnerzahl einer mittelgroßen Stadt.
***Frage:** Stimmt es, dass die Bienen den Honig machen?* **Antwort:** Ja, das stimmt.	***Frage:*** ______ **Antwort:** Die Bienen sammeln Nektar, den sie in Blüten finden. Diesen Zuckersaft speichern sie in ihrem Honigmagen und vermischen ihn mit Körpersäften. Im Bienenstock würgen sie ihren Mageninhalt aus. Andere Bienen reichen sich diese Mischung von Mund zu Mund weiter und geben auch Körpersäfte hinzu. Dabei verdunstet viel Wasser. So entsteht nach einer Weile der Honig. Er muss aber noch reifen.
***Frage:** Ich habe gehört, dass Bienen tanzen können.* **Antwort:** Das ist in gewisser Hinsicht richtig.	***Frage:*** ______ **Antwort:** Die Bienen tanzen, um ihre Artgenossen über neue Futterstellen zu informieren. Hat eine Biene zum Beispiel ein Rapsfeld in der Nähe gefunden, läuft sie im Bienenstock im Kreis. Dieser Rundtanz zeigt den anderen Bienen, dass sie Futter rund um den Bienenstock suchen müssen – bis etwa hundert Meter Entfernung. Ist das Futter weiter entfernt, teilt sie dies durch den Schwänzeltanz mit. Es sieht ungefähr so aus, als ob sie der Form einer 8 folgt.
***Frage:** Werden Bienen alt?* **Antwort:** Nein.	***Frage:*** ______ **Antwort:** Es hängt von den Jahreszeiten ab, wie alt die Bienen werden. Im Frühling und im Sommer leben sie etwa 40 Tage. Die Bienen, die im Herbst geschlüpft sind, werden mehrere Monate alt. Am längsten lebt die Königin, die Mutter eines Bienenvolkes. Sie kann ein Alter von vier bis fünf Jahren erreichen.

Name: Datum: **AB 21**

Die Reportage – ein Erlebnisbericht

Sehen, hören, riechen, schmecken, tasten: Für eine **Reportage** muss der Reporter seine Sinne einsetzen. Die Reportage ist ein Erlebnisbericht, in dem der Journalist seine Eindrücke schildert. Er ist Augenzeuge und schreibt so anschaulich, dass Bilder im Kopf des Lesers entstehen, wie beim Schmökern eines guten Buches. Der Leser soll das Gefühl bekommen, als ob er selbst dabei gewesen wäre. In einer Reportage werden aber nicht ausschließlich Erlebnisse beschrieben, sondern es wird auch Wissen vermittelt.

Anders als die Nachricht beginnt sie nicht mit dem Wichtigsten, sondern mit einer interessanten Nebensache. Sie ist ähnlich aufgebaut wie ein Aufsatz mit einem Spannungsbogen: **Einstieg, Hauptteil, Schluss.** Gleich der erste Satz soll neugierig machen, und am Ende wird der Leser mit einer überraschenden Einzelheit belohnt.

1. *Die Klasse 4b hat eine Robbenpflegerin im Zoo begleitet und darüber eine Reportage geschrieben. Unten kannst du lesen, wie Rosanna und Linnéa ihre Reportagen begonnen haben. Welchen der beiden Einstiege findest du besser? Begründe.*
2. *Sehen, hören, riechen: Welche Sinne haben die jungen Reporterinnen eingesetzt?*
3. *Suche dir jemanden aus, den du beobachten möchtest, zum Beispiel: ein Kind auf dem Schulhof, deine Mutter beim Kuchenbacken oder deinen Hund beim Spaziergang. Schreibe auf, was du siehst.*

Gestern Morgen sind wir um acht Uhr mit dem Bus zum Zoo gefahren. Wie immer kam Carla erst kurz vor knapp an. Auf der Autobahn sind wir dann in einen Stau gekommen. Das war total langweilig.
Meine Freundin und ich haben währenddessen Karten gespielt. Dann ging es aber nach zehn Minuten weiter. Dann sind wir endlich angekommen. Ich war sehr gespannt auf die Tiere.

Rosanna

Tierpflegerin Carolin Carstens pfeift und Pluto springt. Der Seebär zischt durchs Wasser, robbt zu der Zoo-Mitarbeiterin und gibt ihr mit seiner Flosse die Hand. Dafür bekommt Pluto eine Belohnung – Fisch. Er ist deutlich zu riechen, denn ein Eimer voll Fische steht im Robbengehege. Jeden Tag trainiert Carolin Carstens die Seebären. Die Tiere sollen zutraulicher werden, damit sie sich leichter behandeln lassen, wenn sie krank sind.

Linnéa

Name: Datum: AB 22

Kommentar und Kritik – deine Meinung ist gefragt

In einem Bericht darf der Journalist nicht seine eigene Meinung schreiben – in einem **Kommentar** muss er es. Der Journalist nimmt darin Stellung zu einem Ereignis und begründet seine Haltung. Meist handelt es sich um ein Thema, das für Gesprächsstoff sorgt, wie der Bau einer neuen Straße. Der Kommentar ist oft umrandet, und der Name des Verfassers steht darunter.

Auch in einer **Rezension**, **Kritik** genannt, vertritt der Schreiber seine Meinung. Er informiert und bewertet Bücher, Theateraufführungen, Konzerte oder Kunstausstellungen. Der Leser kann diese Meinung annehmen oder sich seine eigene bilden.

1. *Lies, was diese Kinder vom Thema „Zeitung in der Grundschule“ halten. Schreibe neben die Kästchen ein Plus oder ein Minus – je nachdem, ob die Kinder das Thema gut oder schlecht finden.*
2. *Übe, deine Meinung zu vertreten: Einige dich in einer Gruppe auf ein Thema. Beispiel: Sollten alle Kinder eine Schuluniform tragen?*
3. *Suche ein Buch aus, das du gelesen hast, und schreibe eine Kritik dazu.*

„Früher dachte ich immer, dass die Zeitung nur etwas für die Erwachsenen ist. Das stimmt aber nicht. Zeitunglesen macht mir richtig Spaß. Ich finde jeden Tag Artikel, die mich interessieren.“

Greta, 10 Jahre

„Meine Eltern haben zu Hause keine Zeitung. Jetzt möchte ich gern, dass sie auch eine lesen. Ich weiß immer, was los ist. Die Kinderseite hat mir am besten gefallen, weil da interessante Sachen erklärt wurden.“

Marie, 10 Jahre

„Durch das Zeitunglesen habe ich viele neue Dinge gelernt. Jeden Tag habe ich das Wetter gelesen und beobachtet, ob die Vorhersage stimmt.“

Malena, 9 Jahre

„Der Politikteil hat mich gar nicht interessiert. Die Sportseite war aber gut. Die Artikel von meinem Fußballverein habe ich immer ausgeschnitten.“

Carlo, 9 Jahre

„Ich wusste nicht, dass so viel Schlechtes in der Welt passiert. Jetzt weiß ich über viele Sachen Bescheid. Ich habe auch Neues aus meinem Ort erfahren. Einmal stand sogar mein Bruder in der Zeitung.“

Michel, 10 Jahre

„Ich hatte die Zeitung ganz für mich allein. Das fand ich gut. Auch Kinder können Zeitung lesen. Es ist nicht so schwierig, wie ich dachte. Man lernt viel. Außerdem muss man nicht die ganze Zeitung lesen, sondern nur das, was einen interessiert.“

Niklas, 9 Jahre

Name: Datum: **AB 23**

Kühe, die vom Himmel fallen

Journalisten machen manchmal Fehler. Ein Missverständnis zwischen Reporter und dem Experten, ein falsch geschriebener Name, Rechtschreibfehler: So passiert es, dass nicht immer alles stimmt, was in der Zeitung steht. Patzer können passieren, weil Journalisten oft unter Zeitdruck arbeiten.

Sie müssen aber stets wachsam sein und merken, wenn ihnen eine neue Information seltsam vorkommt. Sie müssen kritisch nachhaken und Angaben überprüfen. Viele Zeitungen hätten besser aufpassen sollen, als sie über Kühe berichteten, die vom Himmel fielen:

Angeblich hatten russische Soldaten eine Kuhherde gestohlen, die sie in ein Flugzeug verfrachteten. Weil die Tiere über dem Chinesischen Meer unruhig wurden, warfen sie das Vieh ab. Dabei soll eine Kuh doch glatt ein Fischerboot versenkt haben. Und so gelangte dieser Unfug in die Öffentlichkeit: Deutsche Politiker in China hatten die Geschichte ernst genommen und dem Außenministerium gemeldet. Es dauerte nicht lange, bis dieses Märchen in den Zeitungen stand.

Unter Journalisten gibt es auch „schwarze Schafe", die bewusst falsche Informationen verbreiten. So verkaufte ein Reporter einem Magazin gefälschte Star-Interviews. Der Reporter hatte nie mit den Prominenten gesprochen und die Antworten frei erfunden. Später flog der Schwindel auf.

Doch Journalisten sind nicht an allen Fehlern schuld: Ein Veranstalter nennt aus Versehen einen falschen Termin. Ansprechpartner beschuldigen die Zeitung auf einmal, diesen und jenen Satz nie gesagt zu haben. Ein Fabrikchef versichert, keine Arbeitsplätze abzubauen, aber vier Wochen später tut er es doch.

Eine Falschmeldung nennt man **„Zeitungsente"**. Mit dem Wasservogel hat das aber nichts zu tun. Möglicherweise leitet sich der Begriff von der Abkürzung „n. t." ab. Es bedeutet „non testatum" (lateinisch: nicht geprüft). Damit sollen früher Zeitungen ungeprüft übernommene Nachrichten gekennzeichnet haben. Im Deutschen liest sich „n. t." wie EN-TE.

Schreibe eine lustige Fantasiegeschichte, die als Zeitungsente in der Zeitung stehen könnte.

Name: Datum: AB 24

Fake News: Information

Lies den Text. Unterhaltet euch über das Thema Fake News.

Auch wenn ab und zu Zeitungsenten in der Zeitung zu finden sind, gelten Zeitungen als sehr glaubwürdig. Die Mehrheit der Zeitungsleser ist sich sicher, dass stimmt, was in der Zeitung steht. Denn normalerweise werden die Artikel sehr sorgfältig und lange recherchiert. Außerdem wird eine Zeitung nur gekauft, wenn man den Nachrichten darin vertrauen kann. Auch deshalb ist es wichtig, dass die Redaktionen gründlich arbeiten. Falls doch einmal ein Fehler passiert ist, wird er sofort richtiggestellt.
Bei Meldungen im Internet kann das anders aussehen. Seriöse Zeitungen stellen zwar richtige Meldungen und Artikel ins Netz. Einige Menschen verbreiten aber gezielt Unwahrheiten im Internet – vor allem in den sozialen Netzwerken. Damit wollen sie Stimmung machen oder anderen Menschen schaden. In diesem Fall spricht man von Fake News.

Fake News
(deutsch: Falschnachricht) sind bewusst falsche Nachrichten.

Fake News sind auch deshalb so gefährlich, weil sie durch die sozialen Netzwerke mit ganz vielen Menschen geteilt werden. So werden sehr schnell falsche Behauptungen verbreitet.

Stelle dir immer die folgenden Fragen:
- Kann das wirklich stimmen?
- Wie wahrscheinlich ist es, was in der Nachricht steht?
- Weiß ich, wer die Meldung geschrieben hat?
- Kann ich ihr/ihm vertrauen?
- Gibt es andere Quellen, die die Zitate oder Informationen bestätigen?
- Ist die Meldung besonders reißerisch und unseriös geschrieben, indem sie bewusst gegen andere Stimmung macht?

Wenn du dir nicht sicher bist:
- Schaue nach, ob du die Meldung auch noch anderswo findest!
- Frage deine Eltern oder deine Lehrerin!

Denke daran: Überlege immer genau, ob stimmt, was du liest! **!**

Name: Datum:

Fake News: Erkennen und schreiben

1. *Tauscht euch gemeinsam aus: Bei welchen Meldungen handelt es sich um Fake News?*

So eine Sauerei: Fußballbundesliga soll abgeschafft werden!

Bundeskanzlerin hasst Kinder?

Endlich: Keine Ferien mehr für freche Kinder!

Supermarkt-Chef empfiehlt: Eine Tafel Milchschokolade am Tag ist gesund.

Studie zeigt: Kinder sind heutzutage weniger höflich

Stadtkinder sind schlauer als Landkinder.

2. *Schreibe selbst Fake News.*

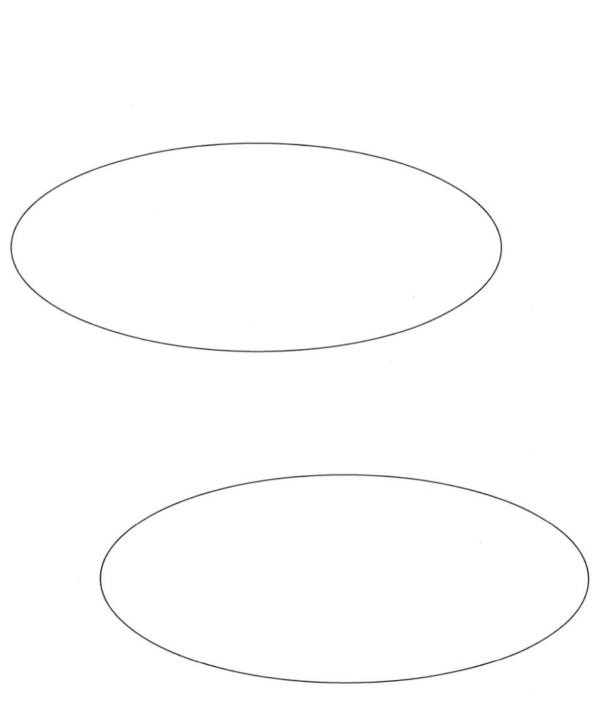

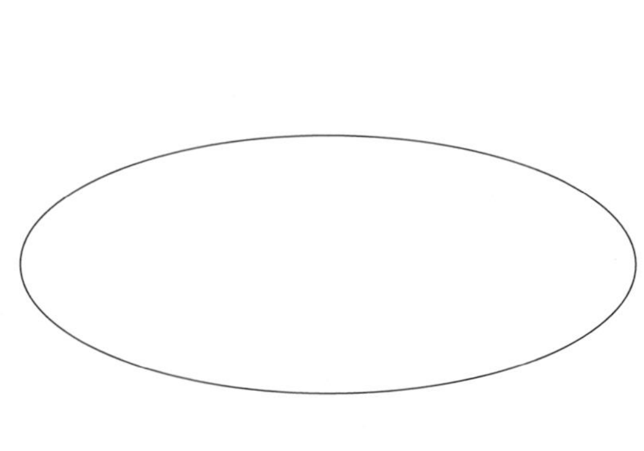

5. Geschichte der Zeitung

Der Siegeszug der „Schwarzen Kunst“

AB 26: Nachrichten mit der Postkutsche (Seite 51)

Deutschland gilt als Ursprungsland der Zeitung. Als vor 400 Jahren die erste Zeitung erschien, druckte sie der Verleger Johann Carolus auf einem aus Lumpen hergestellten Papier. Auch inhaltlich ist die Zeitung von damals nicht mit den heutigen Zeitungen zu vergleichen, weil sie ohne journalistische Idee erschien. So wie die Meldungen kamen, setzte Carolus sie ins Blatt: Sie hatten keine Überschriften, wurden nicht redigiert und waren ausschließlich nach dem Datum des Posteingangs geordnet.
Gerade weil die Zeitung für uns heute selbstverständlich geworden ist, lohnt sich ein Blick in ihre Geschichte und Entwicklung, angefangen bei ihren Vorläufern, den handschriftlich erstellten Zeitungen.
Bevor die Kinder die Fragen beantworten, sollten die Begriffe Zeitung (bzw. Wochenzeitung) und Tageszeitung geklärt werden. Johann Carolus brachte die erste gedruckte Wochenzeitung heraus, also ein Blatt, das regelmäßig über Neuigkeiten informierte. Der Verleger Timotheus Ritzsch aus Leipzig veröffentlichte später, im Jahr 1650, die erste Tageszeitung der Welt, die sechsmal in der Woche erschien. Um das Markieren von Texten zu üben, können die Kinder die Antworten auf die Fragen im Text suchen, unterstreichen und dann schriftlich beantworten.

Lösung:
a) Beamte, Handelsleute oder Sekretäre notierten wichtige Ereignisse, die sie an Büros verkauften. Diese Büros erstellten aus den Neuigkeiten handschriftliche Zeitungen.
b) Johann Carolus
c) Erste Zeitung: 1605 in Straßburg
d) Erste Tageszeitung: 1650 in Leipzig

AB 27: Die „Schwarze Kunst“ erobert die Welt (Seite 52)

Mithilfe von Gutenbergs Erfindung brachte uns die Zeitung die Aufklärung und die Demokratie, sie verbreitete Wissen und wies uns den Weg in eine moderne Gesellschaft. Damals war der Buchdruck ein gewaltiger Fortschritt, aber aus heutiger Sicht ist das Setzen einzelner Buchstaben eine mühselige Arbeit. Weil die Idee aber genial war und die Welt veränderte, sollen die Kinder das alte Prinzip kennenlernen. Dazu eignet sich der Kartoffeldruck hervorragend.
Vor Besprechung des Arbeitsblattes sollen sich die Kinder überlegen, wie sich das Leben ohne Zeitung verändern würde. Anschließend beantworten sie einige Fragen mündlich, die Sie am besten an die Tafel schreiben:

a) Wie wurden Bücher vor der Erfindung von Gutenberg hergestellt?
b) Was sind Letter?
c) Was machte Gutenberg mit den Lettern?
d) Wie druckte Gutenberg?
e) Woraus bestand die Druckerschwärze?
f) Was war das Besondere an Gutenbergs Idee?

Zum besseren Verständnis kann ein Kind den Druckvorgang anhand einer vergrößerten und auf Folie kopierten Zeichnung erläutern.
In die Kartoffelhälften ritzen die Kinder zunächst die Buchstaben ein, bevor sie diese herausschälen. Aus den Stempeln können sie zum Beispiel einen Namen für eine Zeitung erstellen oder eine aktuelle Schlagzeile nachdrucken.
Die zweite Frage (Wie war der richtige Name von Johannes Gutenberg?) eignet sich zur Differenzierung oder als Hausaufgabe. Hierbei soll das Recherchieren geübt werden.
Zum Hintergrund: Die beweglichen Lettern kannten die Chinesen und Koreaner 400 Jahre vor Gutenberg. Anders als Gutenberg drückten sie die Schriftzeichen auf eine Platte, die mit flüssigem Wachs und Harz bestrichen war. Wenn die Letter in dem hart gewordenen Wachs festklebten, färbten sie die Platte und drückten das Papier darauf; eine Presse benutzten sie nicht. Anschließend erwärmten sie das Wachs, damit die Schriftzeichen wieder herausfielen. Mit einfachen Setzkästen kamen die Chinesen nicht aus: Für die Tausenden von Schriftzeichen brauchten sie mehrere Setzschränke.

Lösungen:

Fragen zum Buchdruck (s.o.)
a) Im Mittelalter schrieben die Mönche die Werke der Dichter und Gelehrten ab.
b) Letter sind bewegliche Buchstaben, die Gutenberg aus Metall gegossen hat.
c) In einer Schiene fügte Gutenberg die Buchstaben zu Worten zusammen. Schiene für

Schiene legte er auf ein Brett – bis es gefüllt und damit eine Buchseite fertig war.

d) Letter funktionieren wie Stempel. Gutenberg färbte diese mit Druckerschwärze ein. Dann legte er ein Papier auf die fertig gesetzten Buchseiten und schützte es mit einem Holzrahmen. Diese Druckform schob er unter eine Presse. Das Papier hing er anschließend zum Trocknen auf.

e) Die Druckerschwärze mischte Gutenberg aus Ruß und Öl.

f) Früher wurden die Texte mühselig per Hand in Holzblöcke eingeritzt. Gutenberg setzte einzelne Buchstaben aus Metall zu Wörtern zusammen. So konnte viel schneller gearbeitet und mehr Papier bedruckt werden. Die Letter konnte er immer wieder verwenden.

Aufgabe 2

Der als Johannes Gutenberg bekannt gewordene Erfinder des Buchdrucks hieß in Wirklichkeit Henne Gensfleisch zur Laden. Er nannte sich Gutenberg, weil er auf dem Hof zum Gutenberg lebte.

Weitere Informationen zu Gutenberg:

Der Sohn einer reichen Mainzer Familie wurde um 1400 geboren; Genaueres ist nicht bekannt. Der gelernte Goldschmied experimentierte zehn Jahre lang mit neuen Drucktechniken. Er erfand die Werkzeuge für den Druckvorgang, eine Druckmaschine nach dem Vorbild einer Weinpresse und entwickelte die Druckerschwärze aus Ruß und Öl. Zwischen 1452 und 1455 druckte er die bekannten Gutenberg-Bibeln. Von den etwa 180 Exemplaren gibt es heute noch 48, die hauptsächlich in verschiedenen Museen und Bibliotheken der Welt liegen. Später stritt sich Gutenberg mit seinem Geldgeber, weil er das Darlehen für seine Druckerei nicht zurückzahlen konnte. Gutenbergs Werkstatt und seine Bibeln wurden gepfändet. 1468 starb er in Mainz.

AB 28: Zeitung digital (Seite 53)

Nach der Erfindung des Buchdrucks gab es viele Jahre keine größeren Umwälzungen im Bereich Zeitung und Zeitungsproduktion, bis schließlich die Digitalisierung auf den Vormarsch kam. Plötzlich gingen die Auflagen zurück und die Zeitungsverlage mussten sich neu sortieren und neue Geschäftsmodelle entwickeln – mit unterschiedlichem Erfolg.

Das Arbeitsblatt dient dazu, den Kindern kurz aufzuzeigen, welche digitalen Entwicklungen es gibt, und lässt sie dann selbst reflektieren, worin die Vorteile der einzelnen Formate Print und Digital liegen.

Falls nicht sowieso schon bei der Durchführung der Unterrichtsreihe geschehen, bietet es sich an dieser Stelle an, den Kindern die digitalen Modelle E-Paper und Onlinezeitung vorzuführen und sie selbst das Leseerlebnis spüren zu lassen. Es kann auch die Frage gestellt werden, wie bei den Kindern zu Hause Zeitung gelesen wird.

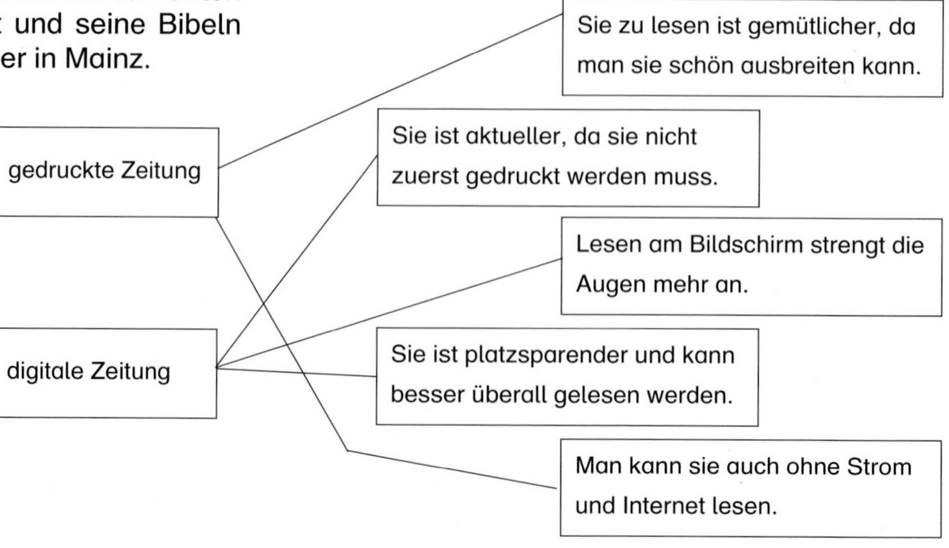

Name: Datum:

Nachrichten mit der Postkutsche

Die Spielleute und Sänger des Mittelalters reisten viel umher. In den Burgen und Dorfschänken erzählten sie Neuigkeiten und Schwänke, die sie auf ihren Reisen erlebt hatten. Sie waren Berichterstatter und „wandernde Zeitungen“, die das Volk über das Zeitgeschehen auf dem Laufenden hielten.

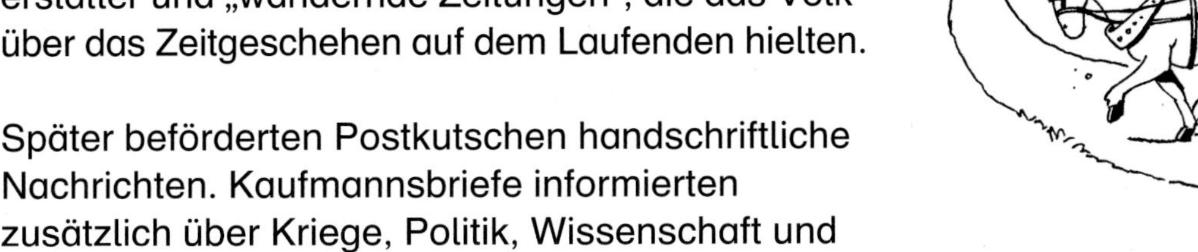

Später beförderten Postkutschen handschriftliche Nachrichten. Kaufmannsbriefe informierten zusätzlich über Kriege, Politik, Wissenschaft und Entdeckungen. Beamte, Handelsleute oder Sekretäre notierten wichtige Ereignisse, die sie ihren Briefen anfügten. Sie verkauften diese Nachrichten an Büros, die daraus handschriftliche „Zeitungen“ erstellten. Als Vorläufer der Zeitung gelten auch Flugblätter. Doch die Neuigkeiten erreichten nur wenige, reiche Menschen.

Der Buchdrucker Johann Carolus kam auf die Idee, den Buchdruck für die Herstellung von Zeitungen zu nutzen. Im Jahr 1605 brachte er die erste gedruckte Wochenzeitung in Straßburg heraus. Es konnten viel mehr Zeitungen hergestellt werden, die billiger waren als die handschriftlichen Nachrichten.

Die Zeitungen von damals sind mit den heutigen Ausgaben kaum zu vergleichen. Sie hatten nur vier Seiten und waren etwa so groß wie ein Taschenbuch. Die Zeitungen wurden einmal in der Woche veröffentlicht, weil die Postkutschen nur wöchentlich Neuigkeiten mitbrachten. In Leipzig kam im Jahr 1650 die erste Tageszeitung der Welt auf den Markt, die sechsmal in der Woche erschien.

In Deutschland gab es aber Zeiten, in denen Herrscher viele Zeitungen verboten hatten. Die übrigen Zeitungen durften nur bestimmte Meinungen äußern und mussten manche Nachrichten verschweigen. Das nennt man **Zensur**. In manchen Ländern gibt es immer noch eine Zensur. Hierzulande gilt seit 1949 die Pressefreiheit. Deutschland ist ein Zeitungsland – ca. 350 Zeitungen informieren ihre Leser.

Beantworte folgende Fragen zum Text.

a) Wie entstanden die ersten handschriftlichen Zeitungen? ______________________

____

b) Wie hieß der Buchdrucker, der die erste Zeitung druckte? ______________________

c) Wann und in welcher Stadt kam die erste Zeitung auf den Markt? ______________________

____

d) Wann und in welcher Stadt erschien die erste Tageszeitung der Welt? ______________________

____

Die „Schwarze Kunst“ erobert die Welt

Johannes Gutenberg

Zeitungen und Bücher sind für uns heute so selbstverständlich wie der Schulbesuch. Doch früher waren Bücher selten und teuer. Informationen wurden mündlich oder handschriftlich verbreitet. So schrieben im Mittelalter die Mönche die Werke der Dichter und Gelehrten ab. **Johannes Gutenberg** machte um 1450 eine Erfindung, die die Welt veränderte: den Buchdruck. Bald erreichten viel mehr Informationen das Volk, und im Laufe der Geschichte lernten immer mehr Menschen das Lesen.

Gutenberg goss einzelne Buchstaben aus Metall, die wie Stempel funktionierten. Diese sortierte er in einen Setzkasten. Buchstaben, die häufig vorkommen, lagen in größeren Kästchen in der Mitte, damit sie der Setzer schneller herausnehmen konnte. Mit einer Pinzette griff er die sogenannten **Lettern** und fügte sie zu Worten auf einer Schiene zusammen. Die gefüllten Schienen legte er auf ein Brett, bis ein Stempel für eine Buchseite fertig war. Nun konnte das Drucken beginnen:

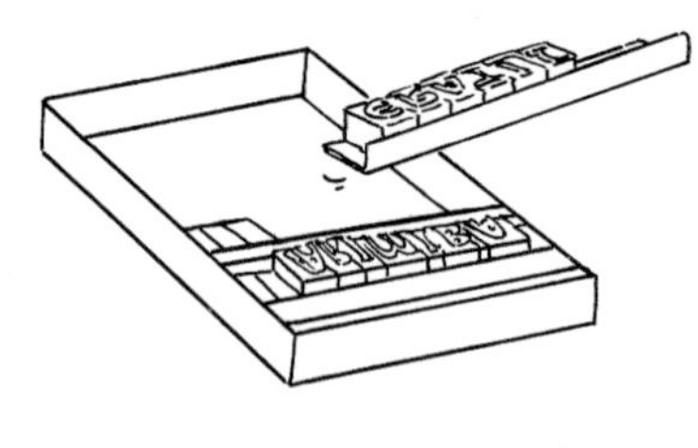

Letter

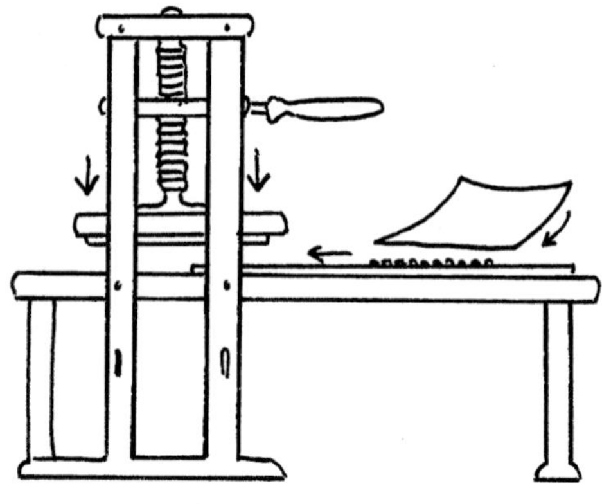

Druckpresse:
Während ein Mann druckt, färbt der andere die Buchstaben ein. Ein Gehilfe nimmt die Blätter aus der Presse.

Die **Druckerschwärze** aus Ruß und Öl trugen die Drucker mit Lederballen auf die Buchstaben auf. Dann legten sie ein Papier darauf, das sie mit einem Holzrahmen schützten. Diese Druckform schoben sie unter eine Presse. Die fertigen Seiten hingen sie wie Wäschestücke auf einer Leine zum Trocknen auf.

Die Idee der Buchstabenstempel war nicht neu: Stempel aus Holz- oder Tontafeln, in die Text eingeritzt war, gab es damals schon. Das Besondere an Gutenbergs Idee war, dass einzelne Metall-Buchstaben zusammengefügt wurden. Mit dieser **„Schwarzen Kunst“** konnte schneller und deshalb viel mehr Papier bedruckt werden, weil das mühselige Schnitzen entfiel. Trotz Gutenbergs Erfindung dauerte es noch eine Weile, bis Bücher und Zeitungen erschwinglich wurden. Erst im 19. Jahrhundert konnte sie sich fast jeder leisten.

1. *Schneide Kartoffeln in zwei Hälften. Schnitze mit einem Messer Buchstaben heraus. Färbe deinen Stempel mit Wasserfarbe ein und drucke auf ein Blatt Papier.*

2. *Johannes Gutenberg war nicht der richtige Name des Erfinders. Wie hieß er wirklich? Finde mehr über sein Leben heraus.*

Name: Datum: **AB 28**

Zeitung digital

1. *Lies den Text.*

Heute gibt es nicht mehr nur die Zeitung auf Papier. Viele Menschen wollen ihre Zeitung digital lesen. Dafür gibt es das sogenannte E-Paper (elektronische Zeitung).

> Paper ist die Abkürzung für Newspaper, dem englischen Wort für Zeitung.

Das E-Paper sieht aus wie die Originalzeitung, aber kann auf dem Computer, dem Laptop, dem Tablet oder dem Smartphone gelesen werden. Oft bietet das E-Paper auch zusätzliche Videos oder Hördateien. Weil es nicht gedruckt werden muss, steht das E-Paper auch schon etwas früher zur Verfügung. Das E-Paper kostet extra.
Außerdem bieten fast alle Zeitungsverlage heutzutage auch ein zusätzliches kostenloses Online-Angebot an, mit frei abrufbaren Meldungen und Artikeln. So kann man sich auch umsonst informieren. Allerdings wird auf der Nachrichtenseite dann Werbung angezeigt. Damit verdienen die Verlage dann Geld.

2. *Welches sind die Vorteile einer digitalen Zeitung, welches die Vorteile einer gedruckten Zeitung? Verbinde. Was bevorzugst du?*

Sie zu lesen ist gemütlicher, da man sie schön ausbreiten kann.

gedruckte Zeitung

Sie ist aktueller, da sie nicht zuerst gedruckt werden muss.

Lesen am Bildschirm strengt die Augen mehr an.

digitale Zeitung

Sie ist platzsparender und kann besser überall gelesen werden.

Man kann sie auch ohne Strom und Internet lesen.

6. Anzeigen

Kaufen und verkaufen von A bis Z

Wer Zeitung liest, stößt automatisch auf die Anzeigen. Anders als die Werbung in Hörfunk und Fernsehen beurteilen die Leser diese überwiegend positiv. Laut dem Bundesverband deutscher Zeitungsverleger (BDZV) steht die Werbung in der Lesergunst an fünfter Stelle – nach dem Lokalen sowie Berichten aus der Innen- und Außenpolitik und den Sportnachrichten. Obwohl die Zeitung schon bessere Zeiten erlebt hat, finanziert sie sich zu mehr als 50 Prozent aus den Anzeigenerlösen.

AB 29: Ohne Anzeigen wäre die Zeitung teuer (Seite 55)

Auch die Kinder werden mit den Anzeigen konfrontiert. Bestimmt haben einige eine Annonce zum Geburtstag oder zur Hochzeit von Bekannten gesehen oder selbst die Glückwünsche zur eigenen Einschulung in der Zeitung gelesen. Vielleicht haben die Eltern einmal inseriert und über diesen Weg ihr altes Auto verkauft. Oder die Oma liest regelmäßig die Anzeigen eines Supermarktes und geht auf Schnäppchenjagd.
Im Unterrichtsgespräch berichten die Kinder über ihre Erfahrungen zum Thema „Anzeigen“. Nach dem Lesen des Textes suchen sie in der Zeitung nach den verschiedenen Anzeigensorten, die sie jeweils exemplarisch in eine selbst gestaltete Tabelle einkleben können: Kleinanzeigen, Familienanzeigen, Kontaktanzeigen, Werbeanzeigen. Diese Aufgabe soll den Kindern die Orientierung erleichtern.
Die folgenden Arbeitsaufträge (Bereiche des Kleinanzeigenanteils auflisten, Abkürzungen herausfinden) können zur Differenzierung eingesetzt werden. Die Kinder sollen versuchen, sich über den Inhalt der Anzeige die Abkürzungen zu erschließen.
Denkbar ist, dass die Kinder eine Tauschbörse an der Pinnwand einrichten. Hierbei sollten weniger wertvolle Dinge wie Aufkleber, Stifte oder Fotos getauscht werden.

AB 30: Fehlerteufel (Seite 56)

Fehler zu entdecken, macht den meisten Kindern Freude. Und nebenbei schult es auf spielerische Art und Weise ihre Rechtschreibung. Wenn sie die Fehler in den Annoncen aufgespürt haben, sollten sie selbst fehlerhafte Anzeigen entwerfen. Ihre Ideen können sie mit einem Partner austauschen, damit jeder auf weitere Fehlersuche gehen kann.

Lösungen:
- Zwei Paar Socken zum halben Preis.
- Kohlrabi, Radieschen und Mohrrüben jetzt frisch beim Bio-Bauern.
- Schnäppchenjäger aufgepasst: Wir reduzieren.
- Schautag bei Möbel Schmidt: Sonntag ab 10 Uhr.
- Frische Eier von glücklichen Hühnern.
- Unser Mittagstisch: Jeden Tag ein neues Gericht.
- Zimmer zu vermieten: 25 Euro pro Nacht
- Kindertheater in der Grundschule Lunefeld, morgen, 20 Uhr, Eintritt frei.

Name: Datum: **AB 29**

Ohne Anzeigen wäre die Zeitung teuer

Tick-tack, tick-tack, tick-tack. Erich Eikelmann tüftelt in seinem Hobbyraum an einer alten Taschenuhr. Überall im Zimmer ticken Uhren, denn der Rentner sammelt sie. Um seinen Schatz zu vergrößern, schaut er sich regelmäßig die **Kleinanzeigen** in der Tageszeitung an. Dort bieten oder suchen die Leser aber nicht nur Uhren – vom Auto bis zur Ziege ist alles zu haben. Das Aufgeben einer Anzeige heißt **inserieren** und kostet Geld. Je länger der Text, desto höher der Preis.

Es gibt noch andere Arten von Anzeigen: **Familienanzeigen** werden zu bestimmten Anlässen aufgegeben, zum Beispiel zu Hochzeit, Geburt oder bei einem Todesfall. Mithilfe von **Kontaktanzeigen** wollen die Inserenten einen Partner oder neue Leute kennenlernen.

Anders als die privaten Anzeigen sind die **Werbeanzeigen** meist bunter und größer. Unternehmen werben mit ihren Produkten und Dienstleistungen oder locken mit Sonderangeboten. Um die Geschäftsinhaber kümmert sich der Anzeigenberater der Zeitung. In den Gesprächen muss er einige Fragen klären: zum Beispiel die Größe der Anzeige oder auf welcher Seite sie erscheinen soll. Manche Firmen nutzen eine andere Möglichkeit zur Werbung: Sie lassen einen Prospekt in die Zeitung legen.

Die Anzeigen sind sehr wichtig, denn die Zeitungen verdienen an ihnen das meiste Geld. Gäbe es keine Anzeigen, könnten wir uns keine Zeitung mehr leisten. Ihre Herstellung ist teuer: Lohn für die Mitarbeiter, Kosten für Papier, Farbe und Strom sowie Reparaturen an der Druckmaschine treiben die Ausgaben in die Höhe.

Wohnen & Einrichten

Küchenmöbel

Eckbankgruppe, Eiche massiv, extra klein, VB 145 €, ☎

Einbauküche, Landhaus rustikal m E-Geräten, VB 800 €, ☎

Küchentisch 70x110 m. 2 Auszügen, Buche, VB 300 €, ☎

Wohnzimmermöbel

Essgruppe, Kirsche massiv, Tisch rund, ausziehbar 144 cm, 5 Stühle, Holz gut erhalten, VB 155 €, ☎

Kulissentisch Eiche, 150 cm ausz. b. auf 300, 6 Stühle, VB 100 €, ☎

Wohnz. Schrank, Kiefer massiv, B 3,10 m 100 €, ☎

Helfen & Schenken

Couchgarn., altdt., gut erh. zu versch. ☎

8 Kakteen, Gr. 1,58–2,00 m, an Selbstabholer zu verschenken ☎

2er Sofa an Selbstabholer zu versch. ☎

Schlafzimmer, Schlafcouch, 2er Couch, Lampen und Gardinen zu verschenken, ☎

Fundgrube

200 l Rollreifenfass mit neuer Handpumpe zu verschenken, ☎

Couchgarnitur an Selbstabholer zu verschenken, ☎

Dachpfannen an Selbstabholer zu verschenken. ☎

Edelstahl-Kochtöpfe zu versch., ☎

1. *Schau dir den Kleinanzeigenteil deiner Zeitung an. In welche Bereiche ist er unterteilt?*

____

____

2. *In den Anzeigen gibt es oft Abkürzungen. Notiere einige und erkläre ihre Bedeutung.*

____

____

Fehlerteufel

1. *In den Anzeigen gibt es einige Fehler. Suche, unterstreiche und berichtige sie.*
2. *Erfinde selbst lustige Fehleranzeigen.*

Zwei Paar Locken zum halben Preis!

nur Samstag im Kaufhaus Lunefeld

Kolrabi,
Radischen
Moorrüben

jetzt frisch
beim Bio-Bauern
HEINRICH!

Schnäpchenjäger aufgepasst:

Wir musizieren!

Kindermoden König

Sautag

bei Möbel Schmidt
Sonntag ab 10 Uhr

NUR BEI
BAUER ERWIN

Fische Eier

von
glücklichen Hähnen

Unser Mittagstisch:

Jeden Tag ein neues Gedicht!

Zimmer zu verbieten:
25 Euro pro Nacht

Hotel Luisa

Kindertheater
in der
Grunzschule Lunefeld

Morgen, 20 Uhr
Eintritt frei!

7. Fächerübergreifende Angebote

Spiele, Sprache, Bewegung und Kunst

Die im Folgenden vorgestellten Arbeitsblätter bilden zusammen eine Einheit. Sie verbinden Sprachübungen, sinnliche Erfahrungen, Bewegung und künstlerisches Gestalten miteinander. Trotzdem ist es möglich, nur einzelne Blätter im Unterricht einzusetzen.

AB 31: Wetterkarten (Seite 58)
AB 32: Sportspiele (Seite 59)

Die Kinder sammeln sinnliche Erfahrungen mit der Zeitung: Sie erzeugen Wettergeräusche. Die Kinder betrachten die jeweils auf DIN A4 vergrößerten Karten und überlegen, wie sie Wind, Regen, Blitz und Donner mit dem Papier akustisch darstellen können. Vorschläge: Finger trommeln auf dem Zeitungsblatt (Regen), Zeitung hin- und herschwenken (Wind), Zeitung zerreißen (Blitz), Zeitung zerknüllen und auf den Boden stampfen (Donner). Anschließend hält ein Schüler die auf jeweils DIN A4 vergrößerten Karten hoch und die Kinder machen entsprechende Geräusche mit der Zeitung. Ergänzend bieten sich Bewegungsspiele in der Turnhalle an.

AB 33: Wortspiele mit der Zeitung (Seite 60)

Die Sprachspiele sollen anregen, wie die Zeitung als Grammatiktrainer genutzt werden kann: Die Aufgaben sind als Differenzierung, im Förderunterricht, im Rahmen des Wochenplans, als Hausaufgabe oder im regulären Sprachunterricht einsetzbar und können beliebig erweitert werden. Sinnvoll ist es, das Arbeitsblatt mehrfach zu kopieren, zu laminieren und die einzelnen Kärtchen auszuschneiden. Je nach Bedarf nehmen sich die Kinder eine Karte und bearbeiten die Aufgabe.

AB 34: Wortartenbaum (Seite 61)

Mit diesem Arbeitsblatt trainieren die Kinder die Wortarten. Dazu schneiden sie aus den Überschriften Wörter aus und kleben diese auf die entsprechenden Äste des Baumes: Nomen, Verben, Adjektive. Möglich ist auch ein großer Wortartenbaum in der Klasse, den die Kinder mit Wörtern bekleben können.

AB 35: Sparschwein aus Pappmaschee (Seite 62)

Bevor sich die Kinder ans Werk machen, sollten sie zunächst einmal die Merkmale eines Schweins benennen. Wer möchte, kann sein Schwein vorzeichnen. Die Luftballons sollten aus festem Gummi bestehen, wobei Form und Größe variieren können. Die Kinder müssen immer wieder warten, bis die einzelnen Schichten getrocknet sind. Diese Zeit können sie nutzen, um Schnauze, Ohren und Beine zu modellieren oder um anderen Kindern zu helfen. Zu guter Letzt bleibt ihnen noch immer eine Möglichkeit, das Warten zu überbrücken: das Zeitunglesen!

AB 36: Perlen aus Zeitungspapier (Seite 63)

Einfach und effektvoll ist diese Halskette, die aus Zeitungspapier gedreht wird. Klarlack verfeinert die Papier-Perlen. Die Kette lässt sich auch aus Illustrierten oder Geschenkpapier erstellen. Der Wechsel von mehreren Papiersorten verleiht der Kette besonderen Pfiff.
Am besten stellen Sie für jedes Kind eine Schablone für die Dreiecke bereit. Die Perlen aus Zeitungspapier können die Kinder auch bemalen. Damit es nicht durchscheint, empfiehlt es sich wie beim Sparschwein aus Pappmaché, die Perlen mit weißer Wandmalfarbe oder Acrylfarbe vorzustreichen.

Name: Datum: AB 31

Wetterkarten

Wind

Regen

Blitz

Donner

Name: Datum: AB 32

Sportspiele

Zeitungstanz

Tanze mit einem Partner auf einer Zeitungsdoppelseite. Ihr dürft den Fußboden nicht berühren, sonst scheidet ihr aus. Jedes Mal, wenn die Musik aussetzt, faltet ihr die Zeitung in der Mitte.
Das Paar, das am längsten auf der Zeitung tanzt, hat gewonnen.

Heiße Zeitung

Mindestens acht Kinder stellen sich im Kreis auf und reichen sich schnell eine Zeitung weiter – das Blatt glüht nämlich vor Hitze. Hört die Musik auf zu spielen, scheidet jeweils das Kind aus, das gerade die Zeitung in den Händen hält. Sieger ist das übrig gebliebene Kind.

Klebende Zeitung

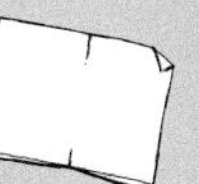

Nimm eine Zeitungsseite vor deinen Bauch. Renne so schnell, dass sie nicht herunterfällt – ohne sie festzuhalten!

Die Bären sind los!

Verteile sechs Doppelseiten auf dem Boden. Du und deine Mitschüler seid Bären, die auf allen vieren auf dem Boden krabbeln. Ein Kind fängt euch. Gefangene Kinder setzen sich auf die Zeitungsseiten, die Felsen. Sind alle Schüler abgeschlagen, wird ein neuer Fänger bestimmt.

Känguru

Falte die Zeitung so, dass du gut darüberspringen kannst. Springe dann mit geschlossenen Beinen vorwärts und rückwärts sowie seitwärts von links nach rechts und umgekehrt.

Papierflieger

Bastle Flieger aus Zeitungspapier. Versuche, diese durch eine Sprossenwand fliegen zu lassen. Wie viele Treffer landest du?

Name: Datum: AB 33

Wortspiele mit der Zeitung

Nomen-Spiel	Wörtersuche
Schreibe Nomen aus der Zeitung auf Pappkarten und ihre Artikel davor. Auf der Rückseite notierst du entweder die fehlende Singular- oder Pluralform. Zeige dann einem Partner die Vorderseite einer deiner Karten. Der Partner muss die fehlende Form nennen.	Bilde aus den Buchstaben des Titels deiner Zeitung so viele Wörter wie möglich. Alle Wortarten sind erlaubt.
Lieblingsartikel	**Reimwörter**
Wähle einen Lieblingsartikel aus und markiere wie folgt: Nomen: rot Verben: blau Adjektive: grün.	Schneide drei Wörter aus, deren zweiter Buchstabe ein Selbstlaut (Vokal) ist. Finde dazu jeweils Reimwörter und klebe alles untereinander geordnet auf ein Blatt Papier auf. Die Reimwörter kannst du auch aus einzelnen Buchstaben zusammensetzen.
Zusammengesetzte Wörter	**Lernwörter**
Suche zehn zusammengesetzte Nomen aus der Zeitung und notiere diese wie folgt: *Hundehütte: der Hund, die Hütte.*	Übe deine Lernwörter: Schneide Buchstaben aus Schlagzeilen aus, setze diese zu deinen Lernwörtern zusammen und klebe diese auf ein Blatt Papier.
Doppelmitlaute	**Wortfeld „sagen"**
Schneide Wörter aus, die Doppelmitlaute haben. Ordne sie nach Gruppen (mm, tt, pp, ss usw.) und klebe diese auf ein Blatt Papier auf.	Suche in der Zeitung Wörter, die du anstelle des Verbs „sagen" verwenden kannst. Unterstreiche!
Doppellaute	**Adjektive**
Schneide Wörter aus, die Doppellaute (au, ei, ie, eu) haben. Ordne diese nach Gruppen und klebe sie auf ein Blatt Papier.	Suche Adjektive in der Zeitung. Schreibe diese und die passenden Gegenteile zu den Adjektiven auf. *laut – leise groß – klein teuer – billig*
Bilderrätsel	**Aufgepasst**
Schneide Fotos von Nomen aus, die sich zusammensetzen lassen, zum Beispiel: *Blumen + Topf = Blumentopf.* Klebe diese auf und schreibe die entsprechenden Bezeichnungen unter die Bilder.	Findest du Wörter, die gleich klingen, aber verschieden geschrieben werden? *Meer – mehr, Wahl – Wal*

Name: Datum: AB 34

Wortartenbaum

Schneide Nomen, Adjektive und Verben aus Überschriften aus.
Klebe sie auf die entsprechenden Äste.

Name: Datum: AB 35

Sparschwein aus Pappmaschee

Du brauchst:
- Zeitungen
- Luftballon
- Blumentopf
- Tapetenkleister
- Draht
- Deckmalfarben
- Siegellack

1. Blase den Luftballon straff auf, setze ihn in einen Blumentopf und befestige ihn mit Klebestreifen.

2. Reiße kleine Papierstückchen ab, tauche diese in den Kleister und streiche sie auf dem Ballon mit den Fingern oder einem Pinsel glatt.

3. Klebe etwa fünf bis sechs Schichten Papier auf den Ballon. Denke auch an die Bereiche, die im Topf verborgen sind. **Wichtig:** Die Schichten müssen zwischendurch trocknen.

4. Setze Schnauze, Ohren und die Beine aus zusammengeknülltem Zeitungspapier und Kleister auf den Ballon. Die Schnauze befestigst du an der Stelle, an welcher der Ballon zusammengeknotet ist.

5. Den Ringelschwanz formst du aus Draht und befestigst ihn mit Zeitungspapier und Kleister.

6. Nach ein bis zwei Tagen ist dein Schwein getrocknet. Dann kannst du vorsichtig mit einem Messer einen Schlitz in den Rücken schneiden.

7. Wenn alles getrocknet ist, kannst du das Schwein mit bunten Deckmalfarben anmalen.

8. Anschließend überziehst du es mit Siegellack, um es haltbar zu machen.

Name: Datum: **AB 36**

Perlen aus Zeitungspapier

Du brauchst:

- Zeitungspapier
- Schere
- Holzspieße oder Streichhölzer
- Klebstoff
- Stopfnadel
- Wollfaden oder Hutgummi
- Klarlack

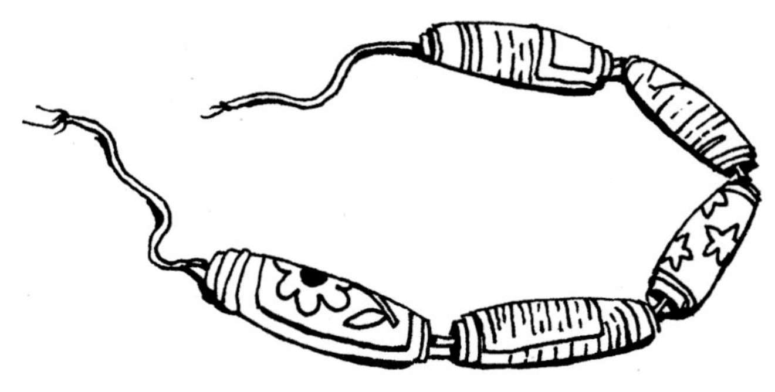

1. Schneide aus dem Zeitungspapier Dreiecke aus.
2. Rolle diese von der breiten Seite zur Spitze auf. Nimm dir einen Holzspieß zur Hilfe, um den du das Papier wickelst. Später entfernst du ihn wieder.
3. Klebe das Ende der Papier-Rolle fest. So entstehen längliche Perlen aus Zeitungspapier.
4. Mit einer Stopfnadel und einem Wollfaden fädelst du sie auf. Du kannst beliebig lange Ketten erstellen oder ein Armband.
5. Mit Klarlack bringst du deine Kette zum Glänzen.

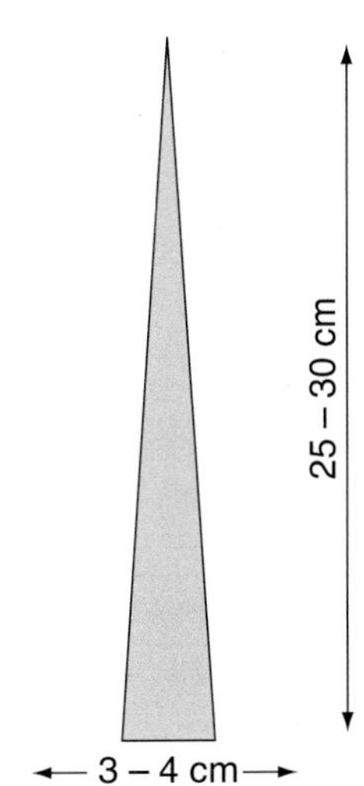

Tipp: Die Kette wird abwechslungsreich, wenn du Perlen aus bunten Werbeannoncen mit solchen aus Textseiten mischst.

Abc der Zeitungssprache

Anzeigenblatt: Kostenlose Zeitung mit vielen Anzeigen.
Artikel: Text, den ein **Journalist** geschrieben hat.
Aufmacher: Der wichtigste Text einer Seite mit der dicksten Überschrift.

Bericht: Großer Bruder der Nachricht. Erläutert ausführlicher den Hintergrund eines Ereignisses.
Bildaufmacher: Größtes Foto auf einer Seite, Blickfang.
Bildunterzeile: Informiert über die dargestellte Situation und benennt die fotografierten Personen.
Boulevardzeitung: Kaufzeitung, die nur am Kiosk oder in anderen Geschäften erhältlich ist.
Bruch: Die Stelle, an der die Zeitung geknickt wird.

Ente: Falschmeldung.
E-Paper: elektronische Ausgabe einer Zeitung.

Fake News: bewusst falsche Nachrichten.
Feuilleton: So heißt auch der Kulturteil. Der Name stammt vom französischen „feuillet“, was „Blättchen“ bedeutet.
Freier Mitarbeiter: Er ist nicht fest angestellt und kann für mehrere Zeitungen schreiben. Wird pro Zeile bezahlt.

Impressum: Vermerk über Herausgeber und Redakteure, die für den Inhalt verantwortlich sind.
Interview: Befragung von Experten, Augenzeugen usw.

Journalist: Er verbreitet Informationen und Meinungen. Er schreibt für Zeitungen, Zeitschriften, arbeitet für Radio und Fernsehen, fürs Internet bzw. Online-Redaktionen. Journalist ist auch, wer in einer Pressestelle einer Firma tätig ist.

Kommentar: Ein Reporter äußert seine Meinung zu einem bestimmten Thema.
Korrespondent: Journalist, der außerhalb der Redaktion im In- und Ausland tätig ist.
Kürzel: Jeder **Journalist** hat ein **Kürzel,** das sich aus Buchstaben seines Namens zusammensetzt.

Layout: Gestaltung der Zeitung.
Lokalredaktion: Berichtet über Ereignisse aus deinem Ort.

Nachricht: Informiert knapp über eine Tatsache, ein Ereignis: Wer hat was, wann, wo, wie und warum getan?
Nachrichtenagentur: Sie beliefert die Zeitungen mit Meldungen und Berichten.

Meldung: Kurze Form der Nachricht.

Ortsmarke: Sie zeigt am Beginn des Textes an, in welchem Ort ein Ereignis passiert ist.

recherchieren: nachforschen, erkunden.
Redakteur: Ist ein **Journalist**, der bei einer Zeitung angestellt ist. Er schreibt, wählt Meldungen aus und **redigiert** Texte. Er fotografiert auch und gestaltet die Zeitungsseiten – das hängt von der Zeitung ab, für die er arbeitet.
Redaktion (doppelte Bedeutung):
a) alle Redakteure einer Redaktion.
b) Räume, in denen Redakteure arbeiten.
redigieren: Texte berichtigen, ergänzen oder kürzen.
Reportage: Ein lebendig geschriebener Artikel, in dem der **Journalist** seine Eindrücke beschreibt.
Reporter: Begriff für einen Journalisten, der vorwiegend „draußen“ arbeitet.
Ressort: Es gibt fünf einzelne Redaktionen. Das sind die Ressorts: Politik, Wirtschaft, Lokales, Sport und Kultur.
Rezension: Besprechung von Büchern, Theateraufführungen, Kunstausstellungen usw.
Rotationspresse: Maschine für den Druck von Zeitungen und Zeitschriften.

Schlagzeile: Überschrift eines Artikels.
Sparte: Die verschiedenen Fachgebiete erscheinen in Sparten wie Sport oder Politik.

Unterzeile: Sie erläutert die Aussage der Schlagzeile näher.

Volontariat: Ausbildung. **Volontäre** sind angehende Redakteure. Im **Volontariat** lernen sie, was sie als Journalist bzw. Redakteur wissen müssen.

W-Fragen: Wegweiser für Journalisten: Wer? Was? Wann? Wo? Wie? Warum? (Welche Quelle?)

Zeitungskopf: Name der Zeitung, Datum, Jahrgang, Ausgabennummer und Preis bilden auf dem Titelblatt den Zeitungskopf.